Quizá ningún otro evangelista ha a[...] [...] del evangelio de manera tan eficaz como Reinhard Bonnke. Sus cruzadas a lo largo y ancho de África han tenido un impacto legendario sobre el reino. En *Resucitado de la Muerte*, el Pastor Bonnke comparte cómo un milagro increíble sirvió como una señal de Dios de que debía llevar su extraordinario mensaje de salvación a América. Léalo, ¡y prepárese para sorprenderse de lo que Dios puede hacer!

—*Pat Robertson*
Presidente de CBN; presentador de *The 700 Club*

Resucitado de la Muerte se lee como una película de verano de gran éxito de taquilla, pero todo es verdadero. Se sorprenderá de lo que Dios puede hacer a través de un hombre obediente bajo la unción del Espíritu Santo. Respaldo sinceramente tanto al hombre como su mensaje.

—*Bill Johnson*
Pastor principal de Bethel Church, Redding, California
Autor de *Hosting the Presence* y *The Supernatural Ways of Royalty*

RESUCITADO

DE LA
MUERTE

REINHARD
BONNKE

WHITAKER
HOUSE

A menos que se indique lo contrario, todas las citas bíblicas son tomadas de la versión *Santa Biblia, Reina-Valera 1960,* © 1960 Sociedades Bíblicas en América Latina; © renovado 1988 Sociedades Bíblicas Unidas. Usadas con permiso. La cita bíblica marcada (lbla) es tomada de *La Biblia de las Américas*®, lbla®, © 1986, 1995, 1997 por The Lockman Foundation. Usada con permiso. Derechos reservados. (www.LBLA.org).

Traducción al español realizada por:
Belmonte Traductores
Manuel de Falla, 2
28300 Aranjuez
Madrid, ESPAÑA
www.belmontetraductores.com

Resucitado de la Muerte:
El milagro que lleva promesa al mundo
(Publicado originalmente en inglés bajo el título:
Raised from the Dead: The Miracle That Brings Promise to America)

ISBN: 978-1-60374-971-8
eBook ISBN: 978-1-60374-988-6
Impreso en los Estados Unidos de América
© 2014 por Reinhard Bonnke

Whitaker House
1030 Hunt Valley Circle
New Kensington, PA 15068
www.whitakerhouse.com

Por favor, envíe sugerencias sobre este libro a: comentarios@whitakerhouse.com.

1 2 3 4 5 6 7 8 9 10 11   ⅢⅢ   21 20 19 18 17 16 15 14

CONTENIDO

PREFACIO

PREFACIO

E ste libro comienza con una resurrección en África, seguida de un milagro de liberación, y termina con avivamiento en América. Cuando hablo de avivamiento, me estoy refiriendo a un despertar poderoso, una oleada de salvación que inunde todos los estadios de los Estados Unidos, todas sus ciudades, de costa a costa. Quizá usted diga en su corazón: *¡Imposible!* Lo entiendo. Siendo un joven misionero que batallaba en la pequeña nación africana de Lesoto en 1974, escuché que el Señor me decía: *África será salva.* ¿Cómo podía yo entender una palabra así del Señor? En ese tiempo nadie me conocía, e intentaba servir al Señor en el "continente oscuro". ¡Una palabra muy ilógica para mis oídos! Ilógica, *a menos que Dios la hubiera dicho.* Nadie podía haberlo previsto, pero desde ese día he registrado 74 millones de decisiones por Cristo en toda África.

Con esa experiencia a mis espaldas, creo que puedo decir con toda seguridad que Dios *sí* me habló en 1974.

De nuevo, en 2012, he oído una palabra de parte de Dios. Me dijo: *América será salva*. Como verá al final de este libro, el cumplimiento de esa promesa ya está en marcha. Algunos lo verán y no lo creerán. Estas son personas incrédulas que cosecharán lo que han sembrado. Otros creerán estas palabras antes de verlas manifestadas. Las palabras de Dios es lo que más les importa. Repetirán la frase "América será salva" y estarán dispuestos a estar firmes. Estas son personas de fe que se regocijarán por la cosecha, incluso antes de que esté del todo madura. Espero que usted esté entre ellos.

Para inspirarle, le presento en este libro a una insólita heroína de la fe, un ama de casa africana llamada Nneka Ekechukwu. La palabra de Dios llegó a ella en 2001, y recibió en su corazón la promesa bíblica de que vería resucitar de la muerte a su esposo: Daniel. Por fe, se aferró a ello. ¿Era su fe verdadera? Antes del cumplimiento, se quedó totalmente sola: atacada, abandonada, ridiculizada e intentando aferrarse al aire, *¡a menos que Dios hubiera hablado!* Ahora puedo decir con plena certeza que Dios *sí* le habló en 2001, y su palabra obró lo imposible.

Por tanto, aquí cuento la historia de la fe de Nneka en medio de incredulidad. Es parte de un cuadro más grande que une la resurrección de su esposo en 2001 con la palabra de Dios para mí respecto a América en 2012. Una década después, la resurrección de Daniel se ha convertido en una señal para confirmar las cosas que yo había oído en mi espíritu.

La prueba de la fe de Nneka es tanto una historia real como una parábola. Si lo permite, se convertirá en un espejo de algunos lugares escondidos de su alma. Será usted semejante al hombre con el hijo atormentado al que Jesús dijo: *"Si puedes creer, al que cree todo le es posible"* (Marcos 9:23). La palabra *"Si"* era demasiado para él. Atravesado hasta el fondo, el hombre vio su incredulidad y rompió a llorar. *"Creo; ayuda mi incredulidad"* (Marcos 9:24). Jesús no le reprendió por este momento de sinceridad. Todo lo contrario. Liberó su poder milagroso para sanar al hijo de este hombre, pero solo cuando el hombre había visto su propio corazón y había reconocido que tanto la fe como la incredulidad luchaban en su interior. Él decidió creer. A medida que usted lea esta historia, que Dios ayude su incredulidad.

Para comenzar, me gustaría explicar mi uso del término *resurrección* en este libro. Estoy usando el término según la definición del diccionario: "el estado de alguien resucitado de la muerte". En términos teológicos, solamente se ha producido una verdadera resurrección, y es la resurrección de nuestro Señor. A ese respecto, Él es el primogénito de entre los muertos. (Véase Hechos 26:23; Colosenses 1:18; Apocalipsis 1:5).

La resurrección de Jesús es única porque fue resucitado en su cuerpo de la tumba, para no morir jamás. Ascendió en su sustancia física al cielo y regresó a la tierra con un cuerpo glorificado con el que podía aparecer y desaparecer. Esta capacidad la demostró a sus discípulos en el camino de Emaús (véase Lucas 24:13–31) y después a los discípulos reunidos a puerta cerrada después de su muerte (véase Juan 20:26). Su cuerpo glorificado era capaz de muchas otras cosas que no se han demostrado, estoy seguro. Sabemos, por ejemplo, que Juan, que recostó su cabeza en el pecho de Jesús en la última cena, cayó como muerto al ver al Señor glorificado en medio de los siete candeleros. (Véase Apocalipsis 1:17–20). Ojo no ha visto ni una fracción de las maravillas de nuestro Señor resucitado.

Como verá en la resurrección de Daniel Ekechukwu, su cuerpo nunca se fue de la tierra. Como muchos otros, él habla de un viaje fuera del cuerpo por el cielo y el infierno. Su cuerpo definitivamente no estaba con él en ese viaje. Más bien, su resurrección fue como la resurrección de Lázaro de los muertos. Lázaro finalmente tuvo que volver a morir, como está destinado para todos los hombres. (Véase Hebreos 9:27). Felizmente, ese no es el fin de la historia de la resurrección.

En el sentido más completo de la palabra *resurrección*, todos resucitaremos en el último día. Los que han vivido y muerto, desde Adán y Eva hasta el día de hoy, verán resucitar sus cuerpos del polvo y la decadencia para unirse a su alma y su espíritu en la eternidad. El cuerpo será cambiado y glorificado. Sabemos solo un poco de lo que eso podría significar. Los que hayan resucitado a la vida se unirán a Jesús, el primogénito de entre los muertos, en las esferas del cielo, mientras que los que hayan rechazado el sacrificio del Hijo de Dios experimentarán condenación eterna. Esta es la postura bíblica, y es el mensaje que predico.

La razón por la que uso el término *resurrección*, en este caso, es para distinguirlo de *resucitación*. Hay algunos que han muerto brevemente y han sido resucitados médicamente. Esto es especialmente cierto en nuestra era de avance tecnológico y médico. Recientemente oí de una mujer a la que un equipo de emergencias de Toronto había resucitado siete veces. Sus esfuerzos finalmente terminaron en que se quedó viva. Algunos que han sido resucitados han experimentado viajes fuera del cuerpo similares al de Daniel. Pero eso no demuestra que estuvieran realmente muertos. Algunos que están en coma también hablan de experiencias fuera del cuerpo. En el caso de Daniel, una gran cantidad de evidencia médica sugiere que estaba fuera de toda esperanza de resucitación médica. Estuvo totalmente muerto durante varios días y había sido parcialmente embalsamado en un tanatorio. Por esa razón, he decidido usar la palabra *resurrección* para describir su milagro.

La resurrección de Daniel de la muerte es una historia que ofenderá a algunas personas, se lo garantizo; y esa es una de las razones por las que he esperado durante más de una década para contarla con mis propias palabras. No tengo la intención de ofender a nadie, y si ofender fuera el único resultado que consiguiera hablando, ahora mismo guardaría silencio.

Cuento el milagro ahora porque culmina sobre mi vida y ministerio como el campanario de una gran catedral. Apunta el cielo, y al Dios que sirvo. Me recuerda de mil maneras que la mente y los caminos de Él son más altos que los míos. (Véase Isaías 55:9). Y esta es la gran ofensa en la historia de Daniel Ekechukwu. Quizá no encaje en sus bien concebidas ideas de Dios y de cómo debería actuar Él en todas las circunstancias. Quizá desafíe algunas partes de su tradición y su entendimiento. Puede que le saque de su zona cómoda y haga que la sabiduría de los sabios parezca una necedad. (Véase 1 Corintios 1:20). Sí, incluso los pensamientos más exaltados de nuestros eruditos religiosos parecerán inadecuados. No hay héroes humanos en esta historia. Cada jugador tiene defectos y es muy humano. Es una historia que solamente glorifica a Dios, y esa es la razón de que la cuente.

Acontecimientos como este milagro, aunque raros, no son nada nuevo. A lo largo de la historia, Dios ha encontrado diversas formas de humillar la inteligencia humana una y otra vez. La urgencia del hombre por definir a Dios, por meterle en un molde teológico, es algo que se exalta a sí mismo sin descanso. Me acuerdo de ese gran genio y defensor de la fe cristiana, Tomás de Aquino, cuyos escritos han inspirado el pensamiento de los eruditos cristianos durante siglos. Pero justo antes de su muerte en 1274, él recibió una visión que le silenció profundamente. "Ya no puedo escribir más", dijo. "He visto cosas que hacen que mis escritos sean como paja".[1]

Así, también, mi escrito acerca de la resurrección de Daniel Ekechukwu es "como paja". No será nada comparado con toda la gloria que conoceremos cuando estemos cara a cara con nuestro Hacedor. Estoy seguro de que no recopilaré todo, ni tampoco afirmaré hacerlo. Sin embargo, ofreceré mi perspectiva en este libro porque Dios ordenó que yo jugase un papel destacado en el milagro. No el papel esperado, se lo aviso. Y eso suele ser así, ¿no cree? Si Dios cumpliera nuestras expectativas, no superaría nuestras imaginaciones. Como escribió el apóstol Pablo: *"Cosas que ojo no vio, ni oído oyó, ni han subido en corazón de hombre, son las que Dios ha preparado para los que le aman"* (1 Corintios 2:9).

Humildemente, entonces, y con este versículo muy presente en mi mente, abordaré mi relato del suceso. Creo que este milagro tiene mucho que enseñarnos acerca del amor y la misericordia de Dios, y se ha convertido para mí en una señal de un avivamiento que viene sobre América. Soy evangelista. Abordo esta historia como alguien que guía a muchos a la puerta de la salvación. En mi ministerio, hemos visto muchos milagros que confirman la predicación del evangelio. Esta historia de resurrección, sin embargo, parece estar sola, en una categoría por sí sola.

Finalmente, compartiré una segunda historia acerca de un hombre africano llamado Richard. Encontré a este hombre en una vieja prisión, viviendo bajo una sentencia de muerte. Estaba sentenciado, sin esperanza

---

1. G. K. Chesterton, *Saint Thomas Aquinas* (Nueva York: Doubleday, 1956), 141.

de perdón y sin manera de apelar. Cuando le miré, sentado entre un grupo de hombres condenados, la palabra del Señor vino a mí, diciendo: ¡*Este hombre será liberado!* Le declaré esa palabra del Señor a Richard, incluso estando él atado con unos crueles grilletes de hierro esperando a su verdugo. ¿Cómo podía yo declarar vida y liberar a un hombre así cuando no tenía poder de hacer que eso ocurriese? ¿Cómo podía elevar sus esperanzas tan alto cuando no tenía ni un ápice de prueba terrenal?

Mientras salía de esa ciudad remota de África, Richard permanecía encadenado, enfrentándose a lo que parecía una muerte segura. Algunos temían que yo hubiera dicho una tontería. Lo único que podía hacer era aferrarme a la fe en la palabra que el Señor había plantado de manera tan clara en mi corazón.

Y entonces se produjo el milagro, y el necio se convirtió en profeta. He añadido la historia de Richard a la historia de la fe de Nneka, para inspirarle a creer conmigo que vendrá un nuevo avivamiento sobre América. Quiero que crea que Dios ciertamente ha hablado, diciendo: *América será salva.* Cuando su fe se levante con la mía, veremos una oleada poderosa de avivamiento recorrer toda esta tierra, similar a la que yo he podido ver ya en África.

Oro para que este libro tenga un papel especial para guiar multitudes a Cristo. Este es mi objetivo al escribirlo. Que el Espíritu Santo despierte la verdad del evangelio en su corazón al leerlo.

DÍA DE DECISIÓN

1

DÍA DE DECISIÓN

Durante más de una década se ha contado la historia de Daniel. Él mismo ha resumido su historia en un solo documento y ha hablado a audiencias de todo el mundo. Como ocurre con todas las historias, cada contador de historias aborda los eventos de su historia desde un ángulo único. Cada uno relata detalles que otros pudieran haber ignorado o considerado sin importancia. Es parecido a los Evangelios: Mateo, Marcos, Lucas y Juan. Todos juntos, estos cuatro libros aportan un cuadro más extenso y completo de la vida de Jesús de lo que cualquiera de ellos hubiera conseguido por sí solo.

Con esto en mente, esta es la primera versión de la historia de Daniel contada desde mi peculiar, y hasta ahora, parte inexplicada aún de este drama.

Antes de comenzar, le pido que se ponga en mi lugar el sábado, 1 de diciembre de 2001, veinticuatro horas antes de que ocurriera el milagro.

Me encontrará en mi habitación del hotel Sheraton en Lagos, Nigeria. ¿Recuerda dónde estaba usted ese día? ¿Recuerda qué había en su mente? Yo sí. Nunca lo olvidaré. Aquellos fueron momentos transformadores para mí, y tenía en mi corazón una gran carga por orar.

PAN COMIDO

Esta carga de oración se produjo como resultado de varios asuntos que me habían estado presionando. Principalmente, vino de una importante decisión que tenía ante mí: la cuestión de si debía o no trasladar mi familia y ministerio de Frankfurt, Alemania, a Orlando, Florida. En ese entonces, mi equipo estaba produciendo una serie animada en Orlando llamada Full Flame. Era un documental de ocho episodios extraídos de las experiencias de mi vida. También estábamos publicando guías de estudio que suplementarían el contenido de cada episodio, y enseñarían nuestros métodos de alcance a jóvenes evangelistas en todo el mundo.

Este proyecto iba a ser un legado de mi ministerio, y era una tarea enorme. Significaba que yo tenía que viajar continuamente a los Estudios Universal en Florida para filmar los segmentos documentales. Mi equipo sugirió que si me mudaba allí, ahorraría cientos de horas de viaje, reduciría el desgaste de mi cuerpo y me daría más tiempo para poder estar en casa con mi familia. Esto sin mencionar que también nos ahorraría cientos de miles de dólares en costos de producción. Sería, como ellos dicen, "pan comido". Tenía toda la lógica empresarial. Sin embargo, para mí no era tan fácil tomar la decisión.

No era la lógica empresarial lo que había dirigido mi ministerio evangelístico, Christ for all Nations [Cristo para todas las naciones], al tipo de éxito que habíamos estado experimentando. De hecho, el Espíritu de Dios nos había llevado a una cosecha que ningún otro evangelista había visto en la historia narrada de la iglesia. ¿Quién era yo para imponer meramente la lógica empresarial en el trabajo del Señor? Tenía oficinas en el Reino

Unido, Canadá, Australia, Hong Kong, Singapur, Nigeria y Sudáfrica. Sin embargo, las decisiones ejecutivas y administrativas procedían de Frankfurt, Alemania, donde yo vivía. Alemania era mi tierra, por nacimiento y por guía divina. Dios así lo había ordenado.

Para quienes no me conocen, permítame hacer una pausa para presentarme.

Soy Reinhard Bonnke, un evangelista nacido en Alemania. Fui a Sudáfrica en 1967 como misionero. Ese movimiento no lo hice a la ligera. Había recibido un claro llamado a África cuando era un muchacho de diez años de edad. Soy el hijo de un predicador pentecostal alemán, pero ni tan siquiera mis padres creían en mi llamado. Poco después de mi llegada a África a la edad de veintisiete años, el Señor me alejó del estatus de "misionero".

La organización misionera me había tenido predicando principalmente a personas de raza blanca. En 1968 comencé a predicar a personas de color, y experimenté la verdadera pasión de mi llamado. Comencé a tocar mi acordeón para atraer a multitudes en las calles de Maseru, en el reino montañoso de Lesoto. A veces, predicaba solamente a dos o tres personas que se habían detenido a ver al extranjero rubio de ojos azules que tocaba y cantaba en un idioma que no entendían. El pequeño tamaño de mis multitudes no me afectaba. Predicaba igual entonces que como lo hago ahora, a través de un intérprete; salvo que hoy, las multitudes pueden llegar a ser de más de un millón de personas. Pero nadie comienza en la cima. Tras convertirme en evangelista en 1968, comencé a alcanzar cada vez a más africanos mientras seguía la apacible y delicada voz del Espíritu de Dios en mi corazón. (Véase 1 Reyes 19:12).

En 1986, tras dieciocho años en Sudáfrica, el Señor me dirigió a mudar mis oficinas centrales a Frankfurt. Tenía cuarenta y seis años. El momento divino de este cambio impidió que la mancha del apartheid afectara a la obra de nuestro ministerio. Durante los siguientes ocho años, Sudáfrica luchó por hacer la transición a su nueva forma de democracia. Mientras tanto, Christ for all Nations fue catapultado a favor y prominencia por toda África. Esa no era la clase de bendición que venía de llevar una meticulosa planificación empresarial. Había llegado únicamente por la mano de Dios, y yo lo sabía.

Después, en el año 2000, experimentamos la Cruzada Millennium en Lagos, Nigeria. Marcó un pináculo en el viaje de ese joven alemán que había oído la voz de Dios llamándole a África a ganar almas para Cristo. En la última noche de esa cruzada, prediqué el evangelio a una multitud de 1,6 millones de personas. Mi equipo había entrenado a más de 200.000 personas para dar seguimiento a los asistentes durante el curso de los seis días de reuniones. Esos trabajadores fueron equipados con más de un millón de dólares en libros y materiales de discipulado. Teníamos 2.000 ujieres y 1.000 policías locales para controlar a la multitud. En esa noche final, cuando hice la invitación para que se arrepintieran los pecadores, 1.093.000 personas tomaron la decisión de poner su fe en Jesús. Durante esos seis días, más de 6 millones de nigerianos asistieron a la cruzada, con un total de 3.461.171 decisiones por Cristo registradas. Estas cifras dejan perpleja la mente.

PRESERVAR LA COSECHA DE MILLENNIUM

El sábado, 1 de diciembre de 2001, mientras pensaba en si mudarme o no a América, aún estábamos en la cresta de la ola de la Cruzada Millennium. Había viajado recientemente las cien millas desde Ibadán a Lagos, para descansar y prepararme para las reuniones finales del año en la pequeña ciudad de Oshogbo, Nigeria. En Ibadán, nuestras multitudes habían crecido hasta 1,3 millones de personas la noche final. Un total de 3,9 millones de personas habían asistido al evento, con más de 2,6 millones que habían aceptado a Cristo.

La cosecha sobrenatural de millennium seguía en toda su magnitud en 2001. Esto se llama *ímpetu*. Cualquiera que vea acontecimientos deportivos conoce el poder del ímpetu. Un equipo inferior muchas veces puede derrotar a un equipo superior subiéndose a una oleada de ímpetu y conseguir un resultado inesperado. Con ese ímpetu actuando en nuestro ministerio, ¿cómo podía arriesgarme a detenerlo al subestimar un cambio de localidad tan drástico a un continente distinto? Habíamos registrado más de 52 millones de decisiones por Cristo durante más de una década dirigiendo nuestros esfuerzos desde nuestro hogar en Frankfurt.

Añadido a la presión, pesaban mucho en mi mente las inminentes reuniones en Oshogbo. Había recibido recientemente una llamada de teléfono diciéndome que Sunday Aranziola, el joven bajista que iba a tocar en la banda de nuestra cruzada, había sido martirizado en Oshogbo a manos de extremistas musulmanes tan solo unos días antes. Esa muerte había ocurrido solo dos meses después de los ataques del 11 de septiembre en los Estados Unidos. El mundo entero se había llenado de temor e incertidumbre. ¿Cuántos adoradores de Alá estarían listos para dar un golpe por causa de la jihad? Nadie lo sabía. Este joven llamado Sunday había sido un objetivo mientras ponía carteles de la cruzada de Reinhard Bonnke por la ciudad. Los radicales le siguieron hasta su casa, esperaron a que se hiciera de noche y entonces forzaron la puerta, y delante de su padre y de su madre, le sacaron de su cama golpeándole con palos.

"Jesús, ¿qué debo hacer?", le oía decir su padre mientras le sacaban de la casa para llevarle a las calles oscuras. "¿Qué debo hacer?".

"¡Di 'Allahu akbar'!", le dijeron los jóvenes. "¡Dilo! ¡Allahu akbar'!".

Esa es una frase islámica que significa "Dios es el más grande".

"¡Jesús es el Señor!", respondió Sunday.

Esas fueron sus últimas palabras antes de matarle a golpes.

Los cristianos en Oshogbo estaban enfurecidos. Amenazaron con represalias de violencia contra la población musulmana. Oshogbo albergaba la gran mezquita, localizada en el centro de la ciudad. La situación era tan peligrosa como una vela encendida en un contenedor de gasolina. Mi equipo había limpiado una gran explanada a las afueras de la ciudad, lejos de la mezquita. Oshogbo tenía un estadio de fútbol cerca del centro de la ciudad que albergaba a diez mil personas, pero lo habíamos desechado. Aunque hubiéramos llenado el terreno de juego y las gradas para que solamente hubiera gente de pie, habría albergado solo a una pequeña parte de las multitudes de personas que habían asistido a nuestras cruzadas en Nigeria. Una multitud así, si surgía la violencia, habría puesto en peligro todo el ímpetu de la cosecha sobrenatural que acabábamos de experimentar en Nigeria. Esto mismo había ocurrido antes.

Siempre estaba en mi memoria la cruzada de octubre de 1991 en Kano, Nigeria. Nuestra llegada a la ciudad había provocado la violencia de los musulmanes que vivían allí también. Nuestro equipo se había visto obligado a huir de la ciudad, viendo cuerpos muertos y daños en las calles mientras huían. Las turbas musulmanas gobernaban durante el día, y los cristianos eran muertos a vista de todos. Cientos murieron.

Los rumores nos culparon de ese caos. Para la mayoría de las personas, desgraciadamente, la percepción es la realidad. Creyeron lo que leyeron en los periódicos, y el chisme que se extendió de boca en boca. "Bonnke trajo la violencia a Kano; ¿cómo se atreve a decir que sirve al Príncipe de Paz?". Nuestra supuesta culpabilidad se convirtió en nuestra reputación, aunque se llevó a cabo una exhaustiva investigación, tras la cual el mandatario local redactó un informe mediante el cual nos liberaba de toda culpa. Sin embargo, Christ for all Nations fue expulsado de Nigeria durante casi una década. En ese entonces, parecía que Satanás había prevalecido y que Jesús se había visto forzado a retroceder.

Mediante un increíble viaje de fe y milagros, todo ello documentado en mi autobiografía, *Living a Life of Fire*, habíamos sido invitados de nuevo al país en 1999. La explosión de respuesta positiva a nuestro regreso fue mucho mayor que cualquier cosa que pudiéramos haber planificado o anticipado. Lo que Satanás había planeado para mal, Dios lo había cambiado en una cosecha totalmente sin precedentes. Las cruzadas que tuvimos en 2000, y las que siguieron en 2001, nos dieron un nombre famoso en esta nación de 140 millones de almas.

SINCERAMENTE, OSAMA BIN LADEN

Una vez más, en Oshogbo, el espectro de violencia alzó su fea cabeza. Al principio, preparé a nuestro equipo para cancelar las reuniones y almacenar nuestro equipamiento hasta la siguiente temporada. Después recibimos un mensaje del mandatario musulmán del estado de Osun State. Él había estado al tanto del extenso estudio de la violencia en Kano y sabía que no éramos culpables.

"Si alguien puede traer paz a Oshogbo e impedir un estallido de guerra religiosa, ese es Reinhard Bonnke", dijo.

Él creía que cancelar las reuniones probablemente incitaría más a la violencia que el hecho de que yo llegara y predicara a las multitudes, debido a la decepción que surgiría. Sabía que nuestro mensaje era de vida, y no de muerte, y animó a mi equipo a que no lo cancelase. Tras considerar su petición con mucho cuidado, accedimos a continuar; pero no teníamos garantía alguna de éxito. Tampoco podíamos ofrecer una garantía de que hubiera paz. Eso quedaba fuera de nuestro control.

Estaban pasando tantas cosas de tal magnitud, que yo no podía ordenarlo en lo natural.

Seis meses antes de los ataques del 11 de septiembre, había recibido un mensaje personal intimidatorio del mismo Osama bin Laden. El mismo mensaje fue enviado a todas nuestras oficinas en el mundo. Yo estaba en la lista de objetivos de Al-Qaeda porque me había atrevido a guiar a los musulmanes a la fe en Jesucristo en una cruzada en Semana Santa en Jartum, Sudán, ese mismo año. Además, era consciente del hecho de que varios de los terroristas de Al-Qaeda que habían pilotado aviones contra los edificios el 11 de septiembre de 2001, se habían entrenado tan solo a unos kilómetros de distancia del que sería mi hogar en Florida. Una mudanza a América no me apartaría mucho de su punto de mira. Para decirlo de una forma suave, aquella no era un decisión trivial para mi vida y ministerio.

He intentado darle una idea de mi situación el sábado 1 de diciembre de 2001 en Lagos, Nigeria. No me imagino cómo una persona podría haber estado en mi lugar y afrontar tales decisiones sin temblar. De hecho, yo no estaba de pie; me movía de un lado para otro como un león enjaulado. Había apartado ese día entero para orar: oración, ayuno y caminar de un lado a otro. Muchos paseos. En mi autobiografía, escribí acerca de ese día:

> Paseé tanto que casi desgasté la alfombra. "Señor, ¿debo mudarme a Orlando? ¿Sí o no? ¿Cuál es tu dirección para mí?". Finalmente, por la tarde, encontré un lugar de paz.

Esto apenas cuenta la historia completa. Dejé fuera detalles clave que ahora comparto con usted. Cuando escribí mi autobiografía, dejé fuera intencionadamente la historia de Daniel porque siempre creí que merecía escribirse en un libro aparte.

PAZ Y DESCANSO

Mientras caminaba y oraba, llegó un momento en que la paz inundó mi alma. Siempre que me enfrento a una situación difícil, intento tener la paz de Dios gobernando en mi corazón. Es una paz espiritual que bordea la mente. El apóstol Pablo lo describió en las Escrituras como la paz *"que sobrepasa todo entendimiento"* (Filipenses 4:7). Cuando oré, recibí esa paz esa misma tarde noche. ¿Cómo describirlo? No cambió nada en mis circunstancias. Solo puedo decirle que dejé de caminar, dejé de orar y dejé de ayunar. Es importante saber, sin embargo, que esta paz no provino de saber cuál era la mejor decisión que tomar. Vino de saber que Dios había oído mi oración y la había respondido. Él no había dado a conocer la respuesta a mi mente, pero había descargado su paz en mi espíritu.

Somos criaturas con un cuerpo, alma y espíritu. Nuestra alma es donde vive la mente. Cuando recibimos una respuesta del Espíritu Santo, se produce la paz en nuestro espíritu como resultado. Pero es una paz que sobrepasa el entendimiento. Eso significa que la mente no es el canal para ella. Es aquí donde la mente debe actuar en fe, creyendo lo que el Espíritu ha hablado, a pesar de cualquier evidencia natural de lo contrario.

El apóstol Pablo nos dio nuestra mejor descripción de este tipo de fe. Dijo: *"Porque por fe andamos, no por vista"* (2 Corintios 5:7). En otro lugar, dijo: *"Ahora vemos por espejo, oscuramente"* (1 Corintios 13:12). Justo antes de esto, escribió: *"Porque en parte conocemos, y en parte profetizamos"* (1 Corintios 13:9). Es importante confiar en la Palabra de Dios por encima de nuestros propios pensamientos y sentimientos en todos los asuntos. Esto es especialmente cierto en decisiones difíciles. Ese día, todo lo que veía con mis ojos, y todo lo que entendía con mi mente, me hubiera llevado en direcciones muy distintas a la de la paz en mi corazón. Y por eso, tenía paz pero no una clara respuesta.

Dadas las circunstancias de ese día, decidí hacer algo que no había hecho antes. Aunque no lo recomiendo como una práctica habitual, no hay fórmulas fáciles con Dios; Él no baila al ritmo de nuestra música. Pero estamos en una relación con Él, una relación tan única e individual como nuestro ADN, nuestras huellas dactilares y nuestras tomografías de retina.

Pienso en la relación que tuvo el Salvador con Pedro y Juan, narrada en el Evangelio de Juan. Esta relación se ilustró bien en el relato de la última cena, cuando Jesús le dijo a Pedro que su vida terminaría en martirio. Pedro en lo natural no se alegró de oír eso. ¿A quien le hubiera gustado una noticia así? Se giró y vio a Juan, quien había recostado su cabeza en el pecho de Jesús. Juan parecía buscar una relación con Jesús de una forma que Pedro nunca había considerado. Pedro se preguntaba si Jesús le daría a Juan un trato especial por su naturaleza tierna y afectiva. Se preguntaba si el *"otro discípulo, aquel al que amaba Jesús"* (Juan 20:2) se escaparía de recibir el tipo de martirio que él sufrió.

> *Cuando Pedro le vio, dijo a Jesús: Señor, ¿y qué de éste? Jesús le dijo: Si quiero que él quede hasta que yo venga, ¿qué a ti? Sígueme tú.*
> (Juan 21:21–22)

Cada uno de nosotros recibe su propia respuesta. Nuestra relación con Jesús no está determinada por la relación que otra persona tenga con Él. Es uno a uno, y Él se deleita en nuestra confianza como la de un niño. *"Pedid, y se os dará"*, dijo Él; *"buscad, y hallaréis"* (Mateo 7:7).

En un momento de osada inspiración, le pedí a Dios, quien me había llamado desde que era niño, que me diera una señal que me confirmara ahora que debería mudarme a América. Básicamente, puse una especie de "vellón" ante el Señor, como hizo Gedeón. (Véase Jueces 6:36–40). Ya sé que hay algunos que ahora me criticarán por este método del Antiguo Testamento de oír a Dios. Humildemente sugiero que el Señor podría responder, como lo hizo con Pedro: "*¿Qué a ti?*". Cada uno de nosotros debe seguirle en la integridad de su corazón.

LA SEÑAL DEFINITIVA

Para aquellos que no saben a qué me refiero cuando digo "vellón", permítame describírselo. En el sexto capítulo del libro de los Jueces, Gedeón tomó un vellón de un cordero y lo puso en el suelo cuando caía la noche. Quería asegurarse de que Dios iría con él a la batalla contra un ejército contra el que tenían muy pocas probabilidades, así que pidió que en la mañana pudiera encontrar el vellón empapado por el rocío, pero que el suelo a su alrededor estuviera seco si es que Dios iba a entregar al enemigo en sus manos. A la mañana siguiente, el vellón estaba empapado, y Gedeón obtuvo un bol entero de rocío, mientras que el suelo estaba seco. Pero al igual que nosotros, Gedeón aún seguía viendo a través de un espejo tintado. Conocía en parte, pero su mente aún estaba llena de incertidumbre. *Quizá*, sospechaba él, *el suelo estaba de modo natural saturado de rocío, mientras que el vellón retuvo naturalmente la humedad.* En otras palabras, sospechaba que hubiera hablado la naturaleza, y no Dios. Así que le rogó a Dios que le permitiera pedirle una señal más. Pidió que a la mañana siguiente, el vellón estuviera seco, mientras que el suelo alrededor estuviera mojado. Y así fue. Dios no rechazó ni menospreció a Gedeón por buscar esta medida extra de reafirmación.

En mi caso, en la habitación de ese hotel en Lagos, pedí algo muy concreto. Dije: "Señor, te estoy pidiendo una señal. Nunca te he pedido señales, pero esta vez necesito una señal. Si quieres que me traslade a América, quiero que hagas algo que nunca antes haya visto suceder en mi ministerio".

Ahora bien, el Señor sabía que yo había visto miles de milagros sorprendentes. Cuando se predica el evangelio, los ojos de los ciegos se abren, los cojos saltan y caminan, los sordos oyen y los mudos hablan. Las puertas incluso se abren para los prisioneros sentenciados a muerte. En este caso, sin embargo, algo espectacular tendría que ocurrir que resaltara por encima de esos milagros pasados. Nunca concebí en mi mente preguntarme qué sería. Poco me imaginaba yo, cuando le pedí una señal en la habitación de ese hotel en Lagos, que Daniel Ekechukwu yacía muerto en un ataúd en el tanatorio del Hospital General de Ikeduru, parcialmente embalsamado con formaldehído, y que en menos de veinticuatro horas, nuestros caminos se cruzarían y él resucitaría de los muertos.

En total ignorancia de tales asuntos, me fui a cenar al restaurante Crockpot del hotel. Después, tras prepararme para el domingo, me fui a la cama.

"¡ESTÁ RESPIRANDO!"

2

"¡ESTÁ RESPIRANDO!"

L a mañana del domingo 2 de diciembre de 2001 comenzó con un viaje al aeropuerto. Un vuelo chárter me esperaba en el pavimento para llevarme a Onitsha, donde iba a predicar en la dedicación de la Catedral de Gracia, un nuevo edificio para diez mil personas que recientemente había construido el Pastor Paul C. NwaChukwu. Es extraño que yo accediera a participar en la dedicación del edificio de una iglesia. Mi política ha sido decir no. Si comenzaba a aceptar tales invitaciones, se producirían innumerables peticiones, y yo no podría abarcar todo.

En este caso, hice una excepción. Sentí un vínculo especial con el Pastor Paul por las reuniones de la cruzada que habíamos tenido en Onitsha seis meses atrás. Él había sido una de las principales fuerzas en la organización de la cooperación de iglesias locales y pastores allí. Cuando tenemos un evento de alcance en una ciudad, programamos reuniones con iglesias locales, pastores y creyentes en algo que llamamos una Conferencia de Fuego. Les entrenamos en métodos de evangelismo probados. Les enseñamos a documentar y después dar seguimiento a todos los que tomen la decisión de aceptar a Cristo como Salvador durante la campaña. A través de la Conferencia de Fuego, conectamos a los nuevos convertidos con creyentes locales que puedan discipularlos cuando nos hayamos ido. También inspiramos a creyentes locales a convertirse en evangelistas valientes para dar testimonio, guiando a otros a una relación con el Padre. La Conferencia de Fuego es el corazón y el alma de nuestros esfuerzos de alcance.

En la primavera de 2001, tuvimos la Conferencia de Fuego de Onitsha y la campaña de alcance. Onitsha es una ciudad de poco más de un millón de personas, pero tuvimos una asistencia de 800.000 en un solo servicio durante las reuniones de la cruzada allí. Esto significaba que necesitábamos a los entrenados para el seguimiento en nuestra Conferencia de Fuego más que nunca.

Además de eso, se había establecido aquí un record sorprendente, no en asistencia, sino en respuestas. Un asombroso porcentaje del 86 por ciento de quienes asistieron a las reuniones de Onitsha respondieron al llamado de salvación. Nunca en toda mi vida había visto una tierra tan rica para el evangelio. Nunca en mis cruzadas había sido testigo de un porcentaje más alto de pecadores que acudían a Jesús. Es un entusiasmo quizá comparable al de predicar a 1,6 millones de personas en Lagos en el año 2000. Un evangelista vive para el día en el que *todos* en su audiencia estén sin Cristo. Anhela la reunión en la que *todos* los que escuchen el evangelio reciban a Cristo. He visto estas cosas en mis sueños, pero en Onitsha me acerqué a cumplirlo. El ochenta y seis por ciento recibió a Jesús. ¡Aleluya!

El Pastor Paul NwaChukwu me había prometido que en la dedicación de la Catedral de Gracia, un equipo local de casi mil evangelistas jóvenes estarían presentes. Habían sido miembros de su congregación, reclutados como resultado de nuestro entrenamiento en la Conferencia de Fuego. Yo sería invitado a imponer manos sobre ellos y orar por una impartición del espíritu de evangelismo en sus vidas. Qué incentivo. No solo estaría cortando la cinta para una estructura de ladrillos y cemento, sino también, lo que es mejor, estaría ministrando a hombres y mujeres de carne y hueso que ardían con el mismo celo que yo tenía. Nada podría agradarme más que ver el fruto de nuestra cosecha en Onitsha multiplicado mediante las vidas de esos ganadores de almas. Por todas estas razones, el Pastor Paul había sido muy querido para mí, e hice una excepción en mi política de no asistir a dedicaciones de iglesias.

SABIO COMO UNA SERPIENTE

Accedí a ir a Onitsha con una condición: inmediatamente después volaría a Oshogbo, donde Sunday Aranziola había muerto. Lo que estaba pasando allí era de máxima importancia. El gobernador musulmán del estado de Osun me había enviado una invitación especial para reunirme con él, y estaba ansioso por hacerlo. Quería conocer las razones por las que él pensaba que nuestras reuniones evitarían derramamiento de sangre. En estos encuentros cara a cara con los líderes políticos, puedo afirmar que Cristo es el Rey de Reyes, Señor de Señores y Príncipe de Paz. Ellos oyen de mí que el nombre de Jesús es el único nombre bajo el cielo mediante el que debemos ser salvos. (Véase Hechos 4:12). Independientemente de si el líder es musulmán, hindú, animista o ateo, mi mensaje no cambia.

También sabía que, como mandatario, este hombre estaba al corriente de una gran cantidad de información por parte de la policía y otras fuentes acerca de la situación en Oshogbo. Nuestro equipo quería ser informado para que pudiéramos cooperar con las autoridades de toda forma posible. Además, invitaría al mandatario a subir conmigo a la plataforma en nuestras reuniones. Si él estuviera dispuesto, yo quería invitarle a dar un mensaje público a la gente. Creía que una demostración de solidaridad entre el gobernador musulmán y yo ayudaría a calmar las aguas, turbulentas aún tras la estela del asesinato de Sunday Aranziola.

Tras reunirme con el mandatario, planeaba reunirme con los desolados padres de Sunday. Quería compartir su dolor y sus lágrimas. Quería hablarles de mi gran admiración por su hijo. Me sentía completamente humillado y serio por la medida completa de su sacrificio por Jesús. Creía que una gran cosecha en Oshogbo estaba lista para surgir de la semilla de su martirio, y quería compartir esa promesa con ellos.

INOFENSIVO COMO UNA PALOMA

Mientras me subía al avión destino a Onitsha, me hablaron de que había un gran número de corresponsales de noticias que me estaban esperando en Oshogbo. No estaba seguro de lo que hacer con todo eso. Después del 11S, la noticia de la muerte de Sunday había captado la atención de las principales organizaciones de noticias en Europa, así como en Nigeria. Ahora estaban todos acudiendo a Oshogbo, esperando llegar antes de cualquier derramamiento de sangre para poder explotarlo en la prensa. Me dijeron que los corresponsales estaban intentando entrevistarme. Este tipo de atención a mí no me hace sentirme halagado. No concedo a menudo entrevistas, pues sé que muchos reporteros solo están marginalmente interesados en la verdad. La mayoría buscan titulares sensacionalistas que desacrediten nuestro ministerio en nuestro país. No había hecho arreglos previos con ellos, y decidí que trataría las peticiones de los medios de modo particular, de uno en uno. Solo cooperaría si sus intenciones parecieran ser honorables, y solo si mi agenda ministerial me lo permitía.

Al aterrizar en Onitsha, me recibieron los diáconos de la iglesia y miembros de las fuerzas de seguridad gubernamentales cargando rifles AK-47. El jefe de toda la seguridad se acercó a mí y dijo que tenía órdenes del presidente Olusegun Obasanjo de ocuparse de que no me ocurriera nada mientras estuviera en Onitsha. Me aseguró que tenía hombres en la iglesia que examinaban cuidadosamente la multitud de personas que se habían reunido para la dedicación. Al subir al automóvil que la iglesia me había preparado, los hombres de seguridad se subieron en camionetas y motocicletas. Nuestra caravana escoltada se dirigió después desde el aeropuerto a la iglesia.

La posibilidad de violencia cristiana y musulmana dondequiera que yo iba preocupó mucho a los líderes políticos de Nigeria en 2001. Los mandatarios, desde el Presidente Obasanjo hacia abajo, habían prometido protegerme. Encontraba fuerzas de seguridad esperando escoltarme en cada parada. Algunas de esas medidas eran, por supuesto, meramente por razones prácticas. Los oficiales electos nunca habían visto multitudes ni tan siquiera parecidas en tamaño a las que atrajo la cruzada de Christ for all Nations. Esas multitudes representaban un bloque de votantes al que no querían ofender. A ese respecto, estaban decididos a no ver una repetición de la violencia en Kano.

En esto, estaba simplemente agradecido por su preocupación. Me mantuve alejado de promocionar a ningún político o partido político, salvo agradecer públicamente a todas las autoridades su esfuerzo por promover una reunión pacífica. En cuanto al Presidente Obasanjo, le había ministrado en privado, años antes de que llegara al poder. Uno de los primeros actos de su nueva administración en 1999 fue levantar la prohibición sobre Christ for all Nations en Nigeria. Él había sido el principal responsable de que regresáramos allí.

UN LUGAR LLAMADO GRACIA

Tras negociar la carrera de obstáculos que es una carretera nigeriana, nuestro convoy llegó a la Catedral de Gracia. El edificio estaba lleno a rebosar. Al acercarnos más, podíamos oír el sonido de la adoración proyectada por unos altavoces montados en el exterior del edificio. El mismo suelo parecía temblar. Situado sobre la cima de una colina, el edificio parecía inmenso, casi cuadrado y de unos cuatro pisos de altura. Los tres pisos principales eran accesibles desde el nivel del suelo en el frente del edificio. En la parte trasera, había oficinas y salones de clase encima de un sótano con salida a la calle, donde la colina descendía a un piso inferior.

La tierra rojiza arcillosa había sido allanada para crear zonas de estacionamiento. Como es el caso a lo largo y ancho de gran parte de África, el asfalto no es evidente. Mi vehículo se abría paso entre las multitudes pululantes para llegar a una entrada privada en el piso principal. Oficiales de seguridad guardaban la entrada mientras me conducían a través de la puerta hasta llegar al estudio del pastor. Otras fuerzas de seguridad estaban distribuidas alrededor del perímetro, unidas a las otras fuerzas que habían cacheado y revisado a todos al entrar al edificio.

Una vez dentro, abracé al Pastor Paul y a su esposa, Dorothy, quienes me dieron la bienvenida y me guiaron hasta mi asiento. Habían colocado una fila de sillas muy almohadilladas al frente de la plataforma para pastores e invitados especiales. Me ofrecieron un sitio de honor junto a Paul y Dorothy. El equipo pastoral y los ancianos, junto a un gran coro, estaban sentados detrás de mí en gradas. Mirando hacia la multitud, pude ver que las filas del frente estaban ocupadas por invitados en sillas de plástico sin brazos, de esas que permiten que entren más personas en la fila. Una decena de filas más atrás, ya no había sillas. Era solo para estar de pie. Supuse que el jefe del departamento de bomberos local estaba presente, porque los que estaban de pie habían sido colocados en pasillos muy bien definidos, libres de todo obstáculo. Era como si les hubieran pegado los pies al suelo.

Nosotros habíamos usado esos métodos en nuestras reuniones de cruzadas de Christ for all Nations también. Hace mucho tiempo, abandonamos cualquier esperanza de poder sentar a tantas personas. En lugar de buscar estadios que albergaran a nuestras multitudes, usamos excavadoras para limpiar un anfiteatro natural en una ladera, lo suficientemente grande como para que la multitud esté de pie hombro con hombro y aun así haya una línea de visión sin obstáculos hasta la plataforma, y pasillos limpios para usar en caso de emergencia. Esas personas estaban de pie durante horas, antes, durante y después de una reunión de la cruzada, lloviese o hiciese calor, con viento o relámpagos. El hambre por Dios en África es tal que nadie piensa en la comodidad. Las personas que se habían reunido en la Catedral de Gracia esa mañana eran típicas de tantas otras que yo había visto en muchos otros lugares.

Al tomar mi asiento, el equipo de alabanza estaba dirigiendo a la congregación cantando una música tradicional africana, acompañada de danza y palmas. La adoración africana es entusiasta y enérgica, y yo lo aprecio mucho. Por supuesto, cuando hablo a los africanos, soy igual de entusiasta y enérgico. Quizá esa sea una razón por la que conecto tan bien con las audiencias en esa gran tierra.

La atmósfera en la Catedral de Gracia era absolutamente electrizante. Usted no podría escuchar a la persona que tenía a su lado a menos que ella gritase. Con agrado, me di cuenta de que el balaustre del anfiteatro alrededor de la sala había sido decorado con pancartas que tenía el eslogan de nuestras Conferencias de Fuego: "Un fuego para cada cabeza". Enseñamos que en el día de Pentecostés, descendieron lenguas de fuego sobre la cabeza de cada persona en el aposento alto en Jerusalén. (Véase Hechos 2:3). Este símbolo del cielo decía la verdad. Aunque había 120 en ese aposento alto, el Espíritu Santo se puso totalmente a disposición de cada persona, individualmente. Me alegré de ver que esta idea había echado raíces aquí en la Catedral de Gracia.

La plataforma desde donde se hablaba estaba parcialmente dispuesta en redondo, extendiéndose en la sala. Miles se sentaban y estaban delante de mí en el piso principal, con miles más abarrotados en el anfiteatro del segundo piso, el cual nos rodeaba en forma de U. Al ver tantas personas en el anfiteatro, secretamente oré para que el Pastor Paul hubiera contratado unos ingenieros de estructuras adecuados para la construcción de ese auditorio, porque seguro que estábamos probando los límites de peso.

VIENTO DEL ESPÍRITU

El orden del servicio nos llevó primero a través de los preliminares musicales a los anuncios, y finalmente a la ceremonia de dedicación. Corté la cinta e hice una oración de dedicación para la Catedral de Gracia, un faro de esperanza anclado en la tierra roja de Onitsha, en Anambra State. Lo siguiente en el programa era la presentación de evangelistas, casi mil de ellos, cada uno con la llama del Espíritu Santo ardiendo sobre su cabeza. Estaban de pie y llenaban la plataforma. El Pastor Paul anunció que él y su equipo de liderazgo habían nombrado a ese esfuerzo "Kingdom Live

World Evangelism" [Evangelismo mundial de vida del reino]. El nombre me inspiró. La Catedral de Gracia en Onitsha no tenía la visión de extender el evangelio solo a su patrio trasero, sino que se estaban tomando en serio la gran comisión al querer ir a todo el mundo. Me encanta cuando la visión evangelística tiene una visión ilimitada. Las paredes de cada iglesia local deben incluir los confines de la tierra.

Cuando me puse de pie para orar por esos jóvenes hombres y mujeres, el viento del Espíritu Santo pareció golpearme. Como suele ocurrir a veces en estas circunstancias, hay palabras no preparadas que salen de mi boca. "Hoy", dije, "algo va a suceder en la Catedral de Gracia que sacudirá los confines de la tierra, algo que hará que los oídos de quienes lo oigan se estremezcan en todo lugar". Estas palabras se grabaron ese día. Las han escuchado una y otra vez, durante los años transcurridos desde entonces, debido a lo que ocurrió inmediatamente después.

Oré e impuse mis manos sobre todos los que pude antes de comenzar a predicar. El mensaje que el Señor puso en mi corazón para compartir era "El río de Dios". Hay un río que fluye del Espíritu de Dios, y que es ilimitado en poder y potencial. Sin embargo, al mismo tiempo muchos se sientan a las orillas del río, simplemente disfrutando de su picnic. Otros se meten en las aguas poco profundas, contentos con chapotear en aguas que les llegan por los talones. Desafié a la gente a sumergirse y nadar en el río de Dios, a dejar que su poder les envíe hasta los confines de la tierra con el mensaje de su salvación.

Me dicen que fue alrededor de la una de la tarde cuando oímos una conmoción en las afueras del edificio. Ignorante de ello, yo seguí predicando. En África, las conmociones no son algo inusual. Si me distrajese habitualmente con esos ruidos, supongo que nunca terminaría un sermón. Continué hasta el final del sermón, y luego ministramos a aquellos cuyo corazón había sido tocado. Sentí que muchas vidas nunca serían las mismas después de ese día. Fue algo glorioso.

Después, muchas personas se quedaron en el santuario para seguir buscando a Dios en oración. Mientras tanto, el Pastor Paul y mi director en África, John Darku, me escoltaron hasta el estudio del pastor.

Cerramos la puerta. Nuestro plan era subirnos al automóvil lo antes posible y regresar al aeropuerto. Pero primero, como normalmente hacemos, hablamos de la reunión y de cómo había respondido la gente.

Siempre me es necesario tomarme un tiempo para relajarme después de predicar un sermón. Durante ese tiempo, tengo entusiasmo. Siento el viento del Espíritu Santo. Siento que he sido usado para tocar el corazón de las personas, y no hay nada en la tierra como ese sentimiento. Es mi comida y bebida; es mi vida.

Después de relajarnos un poco, nos preparamos para salir al convoy y regresar al aeropuerto. Fue entonces cuando el Pastor Paul me entregó un regalo para agradecerme el que hubiera asistido a su servicio de dedicación. Era un bonito reloj de pulsera. A la luz de los eventos de ese día, lo llamo mi "reloj de la resurrección". Después de entregarme el regalo, el Pastor Paul salió de la sala para consultar con uno de los miembros de su equipo, que había requerido urgentemente su presencia de nuevo en el santuario.

ALTERCADO DIVINO

De repente se produjo un gran estallido en la puerta de enfrente. Era la puerta que daba a la sección trasera del edificio, donde estaban las oficinas, y estaba asegurada por el exterior con fuertes cerrojos. Los golpes eran tan altos y contundentes que John Darku comenzó a asustarse. Pensó que quizá habían entrado ladrones a través de las fuerzas de seguridad y estaban intentando robarnos.

Me dirigí a la puerta y pregunté: "¿Quién está ahí? ¿Qué quieren?".

"¡Está respirando! ¡Está respirando! ¡Está respirando!".

"¿Qué quiere decir con 'está respirando'? Todos respiramos. ¿Quién está respirando?".

"Está respirando".

La conmoción se calmó, pero pude oír voces de emoción afuera, a medida que la gente se agolpaba en la entrada. Decidí no abrir la puerta a menos que el Pastor Paul regresara y decidiera hacerlo. Al otro lado de la puerta había una cierta cantidad de caos en marcha. Controlar a las masas bajo tales circunstancias es un asunto serio.

El Pastor Paul regresó. "La historia es que una mujer trajo el cadáver de su esposo al sótano de la iglesia", explicó. "Ella creía que resucitaría de la muerte si conseguía traerle aquí donde usted estaba predicando. Llevaba muerto tres días. Dicen que ahora está respirando".

Casi me quedé mudo de asombro. "Eso es lo que decían: 'está respirando'. Tengo que verlo con mis propios ojos".

"No, por favor", insistió el Pastor Paul. "La multitud está llenando el sótano. Llegan aquí corriendo de todas las aldeas de alrededor. La noticia se está extendiendo como un fuego descontrolado. Dicen que la unción de Bonnke ha hecho que esto ocurriera. Creen que la unción aún queda en la ropa que usted lleva, y se la arrebatarán con tal de conseguir un pedacito por pequeño que este sea".

"Pero yo no hice nada. Ni siquiera oré por ese hombre".

"Sí, lo sé, pero debería entrar en el automóvil ahora. Revisaré rápidamente las cosas en el santuario y le daré un informe. No me atrevo a ir ahora al sótano, pero si usted no sale en este instante, quizá no llegue a Oshogbo".

"Está bien", dije.

John y yo salimos por la puerta, y los oficiales de seguridad abrieron las puertas de nuestro automóvil y luego nos metieron dentro. Pudimos ver a las multitudes emocionadas corriendo hacia el edificio. Otros comenzaron a agolparse alrededor de nuestro vehículo, pero los oficiales de seguridad les mantuvieron alejados. Enseguida, el Pastor Paul salió y se unió a nosotros, y nuestro conductor avanzó rápidamente alejándose del edificio, junto con los demás vehículos.

"El padre del hombre muerto está en el santuario", dijo el Pastor Paul. "Se levantó y me dijo: 'Es cierto. Mi hijo estaba muerto y ahora respira'. Pero dijo: 'Su cuerpo aún sigue rígido como el hierro'. Mi equipo está con el hombre en el sótano, y se ocuparán de cerca de esta situación. Yo investigaré todo cuando regrese".

"Lo que sí es cierto es que algo ha ocurrido aquí", dije. "Pero ¿fue todo un fraude, o real?".

Paul respondió: "Exactamente".

Mientras nos alejábamos, usé mi teléfono celular por satélite y marqué el número de Robert Murphree, nuestro productor de cine de Orlando. Él había ido con nosotros a Nigeria y se preparaba para entrevistar a personas que habían experimentado milagros en cruzadas anteriores. Le conté lo que nos acababa de suceder en Onitsha. "Creo que esto es demasiado importante como para ignorarlo", dije. "Deberías venir aquí y traer a tu equipo de cámaras, ahora. Investiga esta historia y luego me la cuentas. Si no es algo sólido, entonces lo dejaremos pasar, pero si es cierto, entonces se acaba de producir el milagro más asombroso que jamás haya conocido".

Robert respondió: "Tengo acordadas otras entrevistas. ¿Cuándo quieres que esté ahí?".

"Inmediatamente", le dije. "Las personas aún están aquí en la Catedral de Gracia mientras hablo contigo. No deberíamos dejar que se fueran. Ven a reunirte con el equipo del Pastor Paul. Ellos te conectarán con esta historia. Yo iré a Oshogbo, y luego recibiré el informe completo cuando hayas tenido algo de tiempo para revisarlo. Tómate todo el tiempo que necesites".

Llegamos al aeropuerto, y mientras caminábamos hacia el avión, el jefe de policía encargado de nuestra seguridad se acercó a mí. Esa mañana, cuando nos habíamos conocido por primera vez en el asfalto, daba la impresión de ser fuerte y seguro de sí mismo. Ahora, parecía trastornado. Estaba temblando, y su voz salía temblorosa al hablar. "¿Pastor Bonnke?".

"¿Sí? ¿En qué le puedo ayudar?".

"Señor, yo soy musulmán. Nunca he visto nada igual. Cuando llevaron el cadáver a la iglesia, estaba en un ataúd. Les hice sacar el cadáver del ataúd para poder inspeccionarlo por si contenía explosivos. El cuerpo estaba rígido con rigor mortis. Saqué tiras de algodón de la nariz del hombre. Le llevaron al sótano, y ahora está respirando. Pastor Bonnke, yo le he visto. El hombre que estaba muerto está respirando".

Ese policía musulmán se quitó sus lentes oscuras y me miró con asombro en sus ojos. Lo que había visto le había conmovido hasta lo más profundo de su ser. Seguramente, su visión de Jesús como un mero profeta había cambiado para siempre. Nosotros declaramos que Cristo es el Hijo de Dios, y aquí había una señal que confirmaba ese mensaje. Al mirarle, comencé a darme cuenta de que todo eso realmente sí había ocurrido. Mi equipo de televisión estaba a punto de grabar la historia de sus vidas.

RECIBIR LA SEÑAL

En el asfalto, llamé a mi esposa, Anni, en Frankfurt. "Anni", dije, "comienza inmediatamente a preparar nuestra casa para mudarnos a Florida".

"Oh no", dijo ella. "¿Te has olvidado? Nuestros hijos están planeando venir de América a Frankfurt para celebrar con nosotros la Navidad".

"No se me ha olvidado. Diles que cancelen sus billetes de avión. Este año celebraremos la Navidad en nuestro nuevo hogar en Orlando".

A la mañana siguiente, los titulares de los periódicos por toda Nigeria decían: "¡Bonnke resucita a un hombre de la muerte!". Eso no era cierto. Yo ni siquiera había sido consciente del incidente hasta después de que sucediera. Pero no había forma de corregirlo y detener el afán de los medios de comunicación por el sensacionalismo. Creo que Dios usó la publicidad para propulsar la atmósfera de nuestras reuniones en Oshogbo. La cruzada ahora se realizaría bajo una pancarta de fama tanto por un asesinato como por una resurrección. ¡Increíble! Supongo que el mejor equipo de relaciones públicas del planeta se hubiera postrado ante los efectos de estas noticias en nuestras reuniones. Nadie lo planeó. Nadie lo pronosticó. Nadie podía adjudicarse la gloria. La gente comenzó a acudir a la ciudad desde grandes distancias para estar en el sitio la próxima vez que tuviera planeado subirme a una plataforma y predicar.

La campaña de Oshogbo de 2001 se convirtió en un esfuerzo tremendo de fin de año para nosotros en Nigeria. El terrorismo de los musulmanes radicales fracasó. Las noticias de las últimas palabras de Sunday Aranziola sacudieron no solo la ciudad sino también todo el estado. El mandatario musulmán expresó sus condolencias y proclamó solidaridad pública para nuestras reuniones, y muchos musulmanes asistieron abiertamente para oír la predicación. En la plataforma, celebramos la vida de Sunday y lamentamos su muerte con familiares y amigos. La multitud aumentó hasta llegar al doble del número de habitantes de la ciudad de Oshogbo, ya que habían acudido personas de toda la región.

Durante las reuniones, un periodista suizo que escribía para *SonntagsZeitung*, un periódico de Zúrich, reportó que la habitación de hotel más cercana que pudo encontrar estaba a cincuenta kilómetros del lugar de nuestra reunión. Todo el alojamiento disponible estaba ocupado por personas que asistían a las reuniones. Informó que había contratado a un conductor local musulmán para guiarle a través de las multitudes pululantes en los terrenos de la cruzada. Aparentemente, este hombre suizo nunca había experimentado la predicación del evangelio a las masas con convicción y poder. Había venido de una cultura europea impregnada de religión muerta.

Era sorprendente leer cómo describió las reuniones en términos que su audiencia pudiera entender. Citó la famosa cita de Karl Marx: "La religión es el opio del pueblo". Lo que Marx quiso decir, por supuesto, es que la religión les da a las personas ignorantes una falsa sensación de felicidad, como hace el opio. Como sabemos, los marxistas comunistas han intentado durante casi un siglo acabar con el cristianismo, sin éxito. Al haberse mezclado con los entusiastas buscadores en nuestras reuniones, este reportero escribió: "Si es cierto que la religión es el opio del pueblo, entonces Bonnke tiene la heroína más pura".

Al escribir esto estaba haciendo un insulto y un halago a la vez. Yo acepté el halago. Sabía que él estaba abrumado y que era incapaz de entender el viento del Espíritu que sopla a través de las multitudes que llegan a conocer a Jesús como su Salvador. En su experiencia, la heroína era lo único que él conocía que fuese tan poderoso como el efecto de nuestra predicación. Carecía de un marco adecuado para explicarlo.

Más adelante en su artículo, describió el efecto que había tenido el sermón en su conductor y guía musulmán. Yo, por supuesto, lo recuerdo desde mi posición en la plataforma. Prediqué un mensaje familiar. Fue un sermón basado en la idea de que decir no a Jesús es negar la salvación que Dios ha puesto a nuestra disposición mediante su nombre. Y así, en cierto momento del sermón, invité a la multitud a interaccionar conmigo gritando "¡Sí a Jesús!".

El reportero escribió que cuando la multitud respondió, hubo un rugido ensordecedor: "¡Sí a Jesús!". Él miró hacia un lado y vio que su conductor musulmán estaba totalmente metido en el momento. Se había olvidado de sí mismo y se había convertido en cristiano allí mismo. Sus manos se alzaron hacia el cielo, y clamó a viva voz: "¡Digo sí a Jesús! ¡Sí a Jesús! ¡Sí a Jesús!". El reportero estaba tan alterado por la experiencia que cuando regresó a la habitación de su hotel a las tantas de la madrugada, no podía dormir. Durante el resto de la noche, escribió, el ruido de la muchedumbre seguía zumbando en mis oídos: "*¡Sí a Jesús! ¡Sí a Jesús! ¡Sí a Jesús!*".

Estoy bastante orgulloso de haberle dado a ese reportero una noche de insomnio. Sin embargo, mi sincera oración es que, en algún momento, acepte el mensaje y diga "sí a Jesús" por sí mismo. La última noche de la cruzada de Oshogbo, contamos 650.000 personas de asistencia en una sola reunión, casi el doble de la población de la ciudad. Mediante cinco noches de predicación, se registraron más de 1,5 millones de decisiones por Cristo. Sin lugar a dudas, se produjo una gran cosecha por la semilla del martirio de Sunday.

Después de la cruzada, me preparé para regresar a Frankfurt para comenzar el proceso de la mudanza. Antes de abandonar Nigeria, sin embargo, apenas pude contener mi emoción por el milagro en Onitsha. Llamé de nuevo a mi productor de televisión, Robert Murphree.

"Robert, ¿qué está ocurriendo? Dame tu informe. ¿Es cierto el milagro?".

"Reinhard, es cierto. Estamos filmando mientras hablamos".

"¿Es verificable?".

"A través de muchas fuentes".

"Dime entonces, Robert. Cuéntamelo todo. ¿Qué ocurrió en Onitsha?"

CORAZONES REVELADOS

3

CORAZONES REVELADOS

Mientras nuestro equipo de producción investigaba la asombrosa historia de la resurrección de Daniel Ekechukwu, descubrió que el milagro estaba bien documentado en base a varias fuentes sorprendentes. Volvieron sobre los pasos de la ruta que había hecho el cuerpo de Daniel hasta la Catedral de Gracia en Onitsha, esta vez guiados por Daniel mismo, vivo y bien. ¡Qué viaje tan impactante! En el proceso, grabaron en video algunos momentos de infarto que verificaban la resurrección sin lugar a ninguna duda. Estas escenas están disponibles para que usted las vea en el documental que acompaña a este libro, también titulado *Raised from the Dead* [Resucitado de la muerte].

El efecto de las entrevistas del video fue casi abrumador para el equipo. Se sintieron como si hubieran entrado en una "dimensión desconocida", donde ninguna de sus percepciones normales era relevante. Las vistas, olores, comidas y costumbres de Nigeria se mezclaban con la historia como un incienso extraño mientras trabajaban. Estaban en una especie de shock cultural, experimentando la maravilla de esta resurrección además de la desconocida diversidad de la vida africana. La experiencia no les permitió cerrar fácilmente al final del día, y me dijeron que no pudieron dormir bien.

Al mismo tiempo, emergieron unos cuantos detalles perturbadores. Primero, y quizá lo más desconcertante, era que este milagro comenzó con una escena de violencia doméstica. El jueves anterior, se había producido un incidente de abuso físico entre Daniel y su esposa, Nneka. Ocurrió hacía poco más de veinticuatro horas antes de su muerte. La pareja estaba avergonzada, pero no por eso dejaron de hablar de ello cuando les preguntamos. Para ellos, el incidente fue clave para toda la secuencia de eventos que seguiría.

Casi puedo sentir los pensamientos en su cabeza. Pensamientos como: *Tira este libro a la basura. Dios nunca resucitaría a un hombre de la muerte después de haber golpeado a su esposa.* Bueno, odio tener que decirle esto, pero fue algo incluso peor que eso. Al comienzo de esta historia milagrosa, encontramos un detalle desagradable que la mayoría de nosotros hubiera deseado esconder bajo la alfombra, dejarlo fuera de la historia. Simplemente no encaja en nuestras ideas preconcebidas de las circunstancias en las que Dios podría resucitar a alguien de la muerte. Y esa es precisamente la razón por la que creo que deberíamos analizarlo.

La verdad es que yo también preferiría omitir este detalle de la historia. Siempre me he sentido incómodo con ello, y probablemente lo habría ignorado si no fuera porque Daniel y su esposa lo han compartido una y otra vez. Con el paso del tiempo he pensado más en ello, y ahora me doy cuenta de que es un detalle que Dios ha escogido, y no yo. Hay oro divino en esta imagen de fracaso humano.

CORAZONES HERIDOS

Antes de proseguir, sin embargo, deberíamos aclarar la falsa idea de que los hombres son los únicos autores de violencia doméstica. Aunque es estadísticamente cierto que entre las parejas casadas los hombres muestran violencia más a menudo que las mujeres, en este caso Daniel no golpeó a su esposa. Ella le golpeó a él.

De nuevo, siento pensamientos como: *Bueno, si ella le golpeó, ¡seguro que él debió de haber hecho algo para merecerlo!* Tengo que reírme entre dientes, porque solo Dios escogería demostrar su poder resucitador en una circunstancia tan volátil. Sencillamente no hay una manera políticamente correcta de tratar esto.

Pero a mí me parece que la circunstancia en sí misma revela más que los fallos de Daniel y Nneka. Desentierra orgullo y prejuicio profundamente arraigados en nuestro propio pensamiento. Al sentir la urgencia de rechazar a esta pareja y toda su historia por este detalle, exigimos que Dios baile a nuestro son. Pero si este milagro en verdad ocurrió, entonces debemos tratar el hecho de que no ocurrió bajo unas circunstancias que nosotros habríamos aprobado. Pero los caminos de Dios son más altos que los nuestros, y comienzo a ver hacia dónde se encamina esta historia. Nadie se salvará del alcance del amor, la misericordia y la gracia de Dios, ni siquiera una pareja con serios problemas matrimoniales.

Mediante este desagradable detalle, nos vemos forzados a salir de nuestra zona cómoda, pero también nos vemos forzados a examinar nuestro propio corazón. Y deberíamos hacerlo, porque el amor de Dios cobra vida solo en aquellos que han llegado a ser conscientes de su profunda necesidad de Él. La Escritura nos dice que Jesús no vino a buscar a los justos, sino a salvar a los pecadores. (Véase Marcos 2:17; Lucas 5:32). No nos habíamos arrepentido, no habíamos pedido aún perdón, no habíamos cambiado nuestra conducta y, sin embargo, aún estando en nuestros pecados, Él murió por nosotros y quitó el castigo que merecíamos. Vino como el buen Pastor, Aquel que dejó el rebaño para encontrar la oveja que se había perdido.

En los Evangelios leemos que Jesús fue criticado por pasar tiempo con personas que ni siquiera fingían ser religiosas. Algunos eran pecadores notorios, como la bochornosa mujer que lavó sus pies con sus lágrimas y los secó con su cabello en la casa de un fariseo santurrón. En estas escenas bíblicas, una y otra vez se revela el amor de nuestro Señor por la humanidad quebrantada. Qué fácil se nos olvida.

UN CORAZÓN CULPABLE

Cuando pienso en el hecho de que Nneka golpeó a su marido, me pregunto: "¿Qué haría Jesús?". Entonces recuerdo que en el pozo en Samaria, Jesús parecía deleitarse en hablar con una mujer notoriamente pecadora. Estaba viviendo abiertamente en pecado tras haber fracasado a la hora de encontrar la tranquilidad doméstica con esposo tras esposo tras esposo, cinco en total. No era una judía ortodoxa sino una hereje, una samaritana, siguiendo una versión pagana y mezclada de la Escritura. Pero nada de eso fue una barrera para que Él le ofreciera de beber de la fuente de agua viva.

De hecho, fue justamente lo opuesto. La puerta de Jesús estaba abierta de par en par. *"Mas la hora viene, y ahora es"*, le dijo, *"cuando los verdaderos adoradores adorarán al Padre en espíritu y en verdad; porque también el Padre tales adoradores busca que le adoren"* (Juan 4:23). El Dios del universo estaba buscando a esta mujer. Su pecado no le impidió tener una relación con Él o recibir la vida eterna, y en base a estos versículos, puedo decir confiadamente que la esposa de Daniel no estaba descalificada para recibir algo del corazón de Dios por un acto de violencia doméstica.

No estoy tratando de minimizar la seriedad de la ofensa, sino todo lo contrario. Soy un hombre realista. Mediante nuestro matrimonio, mi esposa, Anni, y yo nos hemos convertido en una sola carne ante el Señor, pero no somos una sola mente. Nuestros desacuerdos han tenido el potencial de ser tan destructivos como los de Daniel y Nneka. Por la gracia de Dios, hemos podido evitar eso. Sin embargo, ha habido matrimonios cristianos que me han confesado agravios parecidos durante sesiones privadas de angustia desgarradora. En el calor de la discusión, un cónyuge o el otro ha agredido físicamente, rompiendo el pacto de matrimonio en un momento de ira violenta. En estas sesiones, uno puede sentir cómo el tejido del amor se ha rasgado. Los afectos se rompen con la amarga decepción y la traición. Los cabos sueltos de la unión están en carne viva y sangrando. En tales situaciones devastadoras, el enemigo derrama su semilla maligna, y se forman cicatrices invisibles que pueden endurecer el corazón más allá del perdón.

UN CORAZÓN ENDURECIDO

De hecho, eso es lo que le había ocurrido a Daniel. En su mente, dijo: *Ella ha cometido una abominación.* Cuanto más pensaba en ello, con más fiereza ardía su ira. Ella estaba equivocada, y como contraste, él sentía que era él quien estaba bien. *Abominación* es una palabra religiosa aplicada a pecados horribles, espantosos; cosas consideradas "totalmente inaceptables". Pero debemos detenernos para preguntarnos: *¿Ve Dios algún pecado como totalmente inaceptable?* ¡Que nunca sea así! Su sacrificio fue suficiente para perdonar todo pecado. Solo hay un pecado que es imperdonable, y es la blasfemia contra el Espíritu Santo. (Véase Mateo 12:31; Marcos 3:29). Nneka no cometió ese pecado imperdonable cuando golpeó a su marido en una muestra de falta de respeto. Que su pecado pudiera considerarse una abominación no tenía nada que ver con el amor de Dios. Fue el orgullo de Daniel lo que tomó la palabra *abominación* y creó una barrera para el perdón, un rencor que él decidiría tener contra ella.

Daniel era un predicador del evangelio, un líder respetado, y pastor de la iglesia evangélica Power Chapel en Onitsha. Él debería haber mostrado otra cosa. Al negarle el perdón a Nneka, cometió un pecado mucho mayor que el de violencia doméstica. Hubiera hecho bien en recibir las palabras del apóstol Pablo, quien nos urge diciendo: *"Antes sed benignos unos con otros, misericordiosos, perdonándoos unos a otros, como Dios también os perdonó a vosotros en Cristo"* (Efesios 4:32). En lugar de eso, Daniel endureció su corazón.

UN PECADO PARA MUERTE

Por favor, no se apresure a sacar una conclusión errónea. Dios no mató a Daniel por endurecer su corazón. Algunos pueden sentir la inclinación a pensar eso, pero la Palabra de Dios es clara. Él puso todos los pecados del mundo entero sobre su Hijo Jesús, quien murió por nosotros. Vivimos bajo el Nuevo Testamento, no bajo el Antiguo, y hemos sido comprados por su sangre. Ya no estamos bajo la ley de Moisés, con sus interminables maldiciones y multitud de penas de muerte. ¡Gracias a Dios! ¡Aleluya! Él vino para que tuviésemos vida: vida abundante; vida eterna. (Véase Juan 10:10).

Por tanto, ¿qué fue lo que mató a Daniel después de haber endurecido su corazón? Le responderé con un nombre: Adán.

Cuando usted mira la escena de un accidente, cuando ve a seres queridos envejecer y perder la capacidad de cuidar de sí mismos, cuando ve un terrible defecto de nacimiento, o cuando mira en un féretro o contempla un cementerio, está viendo el resultado de la decisión de Adán de comer del árbol del conocimiento del bien y del mal. *"Porque el día que de él comieres"*, advirtió Dios a Adán, *"ciertamente morirás"* (Génesis 2:17). La muerte de toda la humanidad entró en este mundo mediante la caída de Adán. Usted y yo estábamos ahí, en Adán. Nuestro ADN no vino de un simio o una ameba. Adán, el primer hombre, pasó la naturaleza de pecado a todos los demás seres vivientes en cada tiempo y lugar desde entonces.

Cada persona de toda raza, color o credo, es un pecador de nacimiento. *"Por tanto, como el pecado entró en el mundo por un hombre, y por el pecado la muerte"* (Romanos 5:12). Pero, gloria a Dios, se nos dice que mediante un Hombre, Cristo Jesús, vino la redención, la expiación, la limpieza de nuestros pecados, la salvación de nuestra alma y el don de la vida eterna. (Véase Romanos 5:15). Nacemos en pecado, pero podemos volver a nacer. Esta es la buena noticia del evangelio que predicamos ante la muerte de Daniel Ekechukwu. Dios no le castigó por su pecado. Dios castigó a su único Hijo en lugar de Daniel.

Algunos dirán: "Pero hay algo que la Biblia llama *'pecado de muerte'* (1 Juan 5:16)". En base a este versículo, uno podría sugerir que Daniel cometió un pecado de muerte, por el cual Dios le mató. La definición completa de un "pecado de muerte" es una discusión para otro libro, estoy seguro. Pero aunque usted crea lo peor, que la falta de perdón en el corazón de

Daniel hacia su esposa fue sin duda un pecado de muerte, eso no cambia mi respuesta. Dios no ordena la muerte de alguien como castigo por cometer pecado. La muerte es el resultado del pecado. *"Porque la paga del pecado es muerte"* (Romanos 6:23), escribió Pablo. Dios da vida. El pecado y Satanás traen muerte. (Véase Juan 10:10). Sobre estos versículos apoyo mi caso.

Pasaré ahora a describir el accidente de automóvil que mató a Daniel, y los eventos que lo provocaron. Solo podemos especular acerca de los efectos de su estado mental sobre su alerta ante el peligro mientras conducía. Según su propia admisión, respiraba enojo contra su esposa después de una noche sin dormir planeando cómo castigarla. Nos quedamos pensando: *Con una mente más clara, ¿podría haber tomado un camino más sabio y haber evitado con ello el accidente?* Quizá sí, pero nada bueno puede venir de ese tipo de preguntas. Es simplemente imposible de saber.

Pero de algo podemos estar seguros: ninguno de nosotros sabe el día ni la hora de nuestra cita con la muerte. Los accidentes ocurren. Enfermedades, edad avanzada, guerra, persecución, martirio, defectos de nacimiento: todos estos asesinos llegan para llevarnos de este mundo caído, todo gracias al pecado. Nadie sabe lo que le espera por delante. Por eso Pablo, el "apóstol para los gentiles", escribió: *"En tiempo aceptable te he oído, y en día de salvación te he socorrido"* (2 Corintios 6:2). Soy evangelista. Predico el día de salvación a millones, y también a individuos de manera personal. Invito a todos a arrepentirse e inclinarse ante la puerta de salvación hoy. Reciba el regalo de Dios de la vida eterna abundante para todo lo que le espera por delante, *hoy*, y no mañana. Ahora es el momento. Mientras usted aún respira.

UN CLÁSICO CONFLICTO

Este es el punto de la historia que las mentes inquisitivas quieren saber: la naturaleza del desacuerdo entre Daniel y Nneka. ¿Cuál fue el detonante de su acalorada riña? ¿Qué desencadenó el golpe y el subsiguiente distanciamiento? De hecho, fue la clásica disputa por las tensiones que surgen entre la frecuente obligación en conflicto de un hombre con su familia y su trabajo. En este caso concreto, el asunto fue el sentimiento de llamado de Daniel a la obra del Señor. En el momento de su incidente, Daniel y Nneka tenían dos hijos, de dos y cuatro años de edad, y ella estaba embarazada de su tercer hijo.

Meses atrás, él había programado una cruzada por el evangelio en una aldea a unas tres horas de distancia. Las reuniones le requerían predicar de lunes a miércoles. Mientras se preparaba para salir, su hijo menor se enfermó. Le habían llevado al hospital católico local, St. Charles Borromeo, donde el doctor les había informado de que el niño necesitaba cirugía menor, y que sería necesario un donante de sangre antes de poder llevar a cabo el procedimiento. Daniel enseguida les dio permiso para extraer sangre de sus propias venas. Después, tras encargar a sus colaboradores de la iglesia Power Chapel que se ocupasen de la necesidad de transporte de Nneka y que le ayudasen con los niños, se había marchado para realizar sus reuniones.

Nneka se había sentido abandonada en un momento en el que necesitaba especialmente a su esposo, y mientras iba y venía en autobús de su casa al hospital y viceversa, sus sentimientos de abandono crecieron. Le costaba dormir por las noches, hasta que llegó una noche en que recibió una promesa: un momento de paz del Señor. Algo brillante y hermoso llegó directamente a su espíritu. Fue una visión de años de fruto y plenitud con su esposo. Estaban de la mano, sirviendo al Señor como uno. No fue una visión perceptible al ojo humano, pero fue tan real que pudo ver su futuro juntos, brillando como una llama en la oscuridad. Recibió la promesa y se aferró a ella en la noche, y pronto cayó en un sueño profundo y sosegado.

El jueves por la tarde, Daniel regresó a casa. Nneka quería contarle la promesa, pero él parecía distante. Los temores comenzaron a crecer en ella, y se preocupó. Él le preguntó por qué no estaba contenta. En vez de contarle la promesa que había recibido, le explicó su desagrado por haberse ido durante una crisis familiar y no haber venido a casa ni tan siquiera para interesarse por cómo estaban ella o los niños. Ella le dijo que se sentía como si él se hubiera casado con otra persona, no con ella. Él reaccionó gritando: "¿Qué más esperas de mí? Pagué los doctores, doné sangre para la operación, después fui a hacer la obra del Señor. ¿Quieres? Tengo—".

Fue en ese momento cuando Nneka le abofeteó. Él no había terminado de defender sus acciones, pero su bofetada puso fin a sus palabras. Él se fue profundamente ofendido. Para mérito de él, no le respondió con otro golpe, al menos no físicamente. Pero en Nigeria, no está permitido que una mujer abofetee a su esposo. En generaciones anteriores, una acción así podía haber tenido como resultado su muerte. Daniel sabía que nadie la defendería si daba a conocer lo que había hecho. Ella había puesto mucho poder en manos de él. No tenía a qué aferrarse en el conflicto. Él tenía todas las cartas, y ahora tenía que decidir cuál era la mejor manera de jugar con ellas.

LOS CAMINOS DE LA MUERTE

Daniel se fue a su cuarto, retiró las pertenencias de Nneka, y anunció que dormiría en el cuarto de invitados. Después cerró el cuarto y echó el cerrojo. Pero no pudo descansar. Su mente le daba vueltas y más vueltas con la terrible ofensa que había sufrido. El insulto y la falta de respeto no se podían ignorar.

Cerca de la medianoche, escuchó que llamaban a la puerta. Nneka llamó por el pestillo: "Querido, por favor perdóname. Lo siento mucho. No fui yo la que te dio la bofetada. No sé lo que me pasó. Fue el diablo, creo".

Él respondió: "Sí, fue el diablo. Y ahora que el diablo te ha usado, ya ha terminado contigo. Pero yo no he terminado. Vete hasta que decida lo que debo hacer".

Antes de terminar la noche, recibió la respuesta. Sabía que Nneka le amaba mucho. La angustia que le había llevado a su mala conducta había venido por haberse separado de ella durante la reciente cruzada. El castigo perfecto, por tanto, sería enviarla fuera durante un año. Eso compensaría el delito y le enseñaría a controlar sus estallidos irrespetuosos en el futuro. Con esa decisión, desarrolló un plan para desterrarla a la casa de su padre en la aldea de Amaimo, a unos cien kilómetros de distancia.

Por la mañana, él se vistió y se fue de casa. Mientras pasaba por delante de ella, Nneka volvió a acercarse a él con un saludo alegre, intentando reconciliarse. Le había preparado el desayuno y obviamente quería disculparse. Él la ignoró y siguió caminando hasta su automóvil.

Observará que este castigo no es lo que la Escritura recomienda. No hay nada en el Nuevo Testamento que animase a Daniel a hacer algo que no fuera recibir la disculpa de su esposa y perdonarla. Pero este hombre de Dios estaba actuando según su propio plan. Estaba haciendo lo que creía que estaba bien a sus propios ojos. Cuando hablaba de ello años después, a menudo citaba Proverbios 16:25: *"Hay camino que parece derecho al hombre, pero su fin es camino de muerte"*.

EL ACCIDENTE

4

EL ACCIDENTE

Antes de considerar seriamente el destierro de un año de Nneka, Daniel tendría que arreglar algunos asuntos. Su padre, el Sr. Lawrence Ekechukwu Ikugpe, era un anciano de la aldea en Amaimo. En una tierra donde la media de vida es de cuarenta y siete años, él era un patriarca de la vieja escuela muy respetado de sesenta años y con cuatro esposas. La familia extensa vivía en unas instalaciones rurales con casas individuales para cada una de las esposas e hijos. Pero había una dificultad de toda la vida entre Daniel y su padre, y recientemente había dado un giro muy serio.

El padre de Daniel era un predicador bautista retirado, y también curandero. De hecho, durante los años se había desviado de la fe pura a su zona cómoda tribal, mezclando el cristianismo con tradiciones ancestrales. Bajo la decepción de no ver respuesta satisfactoria a sus oraciones, había vuelto a los ídolos, fetiches, pociones y otras supersticiones, solo para cubrir sus bases espirituales, por así decirlo.

Él no reconocía que existían dos reinos espirituales, y que esos reinos estaban en guerra entre sí. Tampoco entendía que Dios había derrotado a su enemigo resucitando a Cristo de la muerte, y que todo el poder en el cielo y en la tierra le había sido dado a su Hijo. (Véase Mateo 28:18). Como anciano y chamán, no reconocía que Cristo había dado a sus hijos *"potestad de hollar serpientes y escorpiones, y sobre toda fuerza del enemigo"* (Lucas 10:19).

Muchas personas supersticiosas seguían acudiendo a él para curas y sabiduría a la hora de tratar los problemas diarios. Él daba sus respuestas con una Biblia en una mano y los arreos de la brujería en la otra. Uno se preguntaría si alguna vez llegó a conocer verdaderamente al Señor. Es cierto que Daniel le consideraba un hombre inconverso.

EL PÁBILO HUMEANTE

La religión transigente del Sr. Ikugpe se parecía a la de los samaritanos de tiempos de Jesús (véase Juan 4:7–22), a la de los judíos que le pidieron a Aarón que les diera un becerro de oro para adorar en el monte Sinaí (véase Éxodo 3:1–10), o a la de la iglesia de Galacia de los días de Pablo, a quienes él escribió: *"¡Oh gálatas insensatos! ¿quién os fascinó para no obedecer a la verdad, a vosotros ante cuyos ojos Jesucristo fue ya presentado claramente entre vosotros como crucificado?"* (Gálatas 3:1). Como evangelista, realmente puedo sentir la frustración del apóstol expresada en este pasaje, una frustración compartida por muchos que han sembrado la semilla de la Palabra de Dios entre las culturas tribales. Estas incluirían las doce tribus de Israel, los galios bárbaros conocidos como gálatas, las muchas tribus celtas de Europa y las raíces tribales que prosperan hoy en muchas partes de África. En los Estados Unidos, la cultura nativa americana presenta un desafío constante para los misioneros que trabajan entre las varias tribus.

El punto que quiero enfatizar aquí es el amor de Dios por estas personas. Muchos misioneros y evangelistas, incluyendo el apóstol Pablo y yo, quizá nos hemos llegado a frustrar, pero Dios nunca ha compartido nuestra frustración. Él es infinitamente paciente, *"no queriendo que ninguno perezca, sino que todos procedan al arrepentimiento"* (2 Pedro 3:9). Él demuestra una ternura increíble hacia el "pábilo humeante" de la espiritualidad tribal. (Véase Isaías 42:3). Su evangelio es tan poderoso para cambiar la vida en África como lo es para cambiar la vida en los pasillos de la idolatría liberal de Oxford, Harvard, Princeton o Union Theological Seminary, si no más.

A menudo, en nuestras cruzadas masivas en África hay una noche durante la cual arden grandes fogatas. La gente arroja con gozo sus ídolos, fetiches y libros tribales a las llamas. Danzan con libertad mientras abrazan la salvación que viene por la gracia mediante la fe, ¡y nada más!

En la historia de la resurrección de Daniel Ekechukwu, en lo relativo al paganismo de su familia extensa, he visto el increíble amor y la paciencia de Dios demostrados de las formas más tiernas. Y esa sorprendente ternura es lo que comparto con usted en este libro. Con demasiada frecuencia, vemos a Dios listo para castigar, listo para dejar que el martillo del juicio caiga sobre los que están en el error. En verdad, Él está a la puerta llamando, como lo hizo con la iglesia de Laodicea en el libro de Apocalipsis. (Véase Apocalipsis 3:20). Él está asombrosamente cerca, listo para compartir su fiesta de amor con cualquiera que le abra la puerta.

La familia extensa de Daniel, como muchas otras familias en África, había estado desde hacía mucho en un tira y afloja entre la verdad del evangelio y sus formas antiguas y conocidas de la religión tribal. Misioneros habían ido a África en la era colonial y habían extendido el cristianismo como la semilla descrita en la parábola de Jesús del sembrador. (Véase Mateo 13:3–9: Marcos 4:3–9; Lucas 8:5–8). Algunas semillas cayeron sobre tierra dura, y los pájaros se la comieron antes de poder crecer. Otras semillas cayeron en terreno poco profundo y creció rápidamente, pero después murió igual de rápido, porque no habían profundizado las raíces. Algunas semillas cayeron entre espinos y fueron ahogadas. Otras semillas cayeron en buena tierra y dieron buen fruto. Parecía como si el padre de Daniel fuera un ejemplo de la semilla que había caído entre espinos. Con el tiempo, la Palabra fue ahogada por otros afanes, y él se apartó para caer en una mezcla de paganismo y cristianismo.

EL PREDICADOR ADOLESCENTE

A los catorce años de edad, Daniel había oído el evangelio puro en una cruzada cerca de Owerri, una ciudad de 200.000 habitantes. Allí, fue atraído al pie de la cruz para recibir a Jesús. Pronto, comenzó a predicarle a su padre acerca de su necesidad de arrepentimiento, pero no fue muy bien. Su padre le enseñó su Biblia al joven Daniel y respondió: "Yo llevo predicando de este Libro desde antes de que tú nacieras. No me vengas tú a decir lo que está bien o mal".

El testimonio de Daniel a su padre se complicó por las tensiones normales entre adolescentes y sus padres. Aún se complicó más cuando, en este caso, el adolescente tenía razón. La situación más complicada es que un adolescente tenga razón y el padre esté equivocado acerca de un asunto de tanta importancia. De niño en Alemania, yo recibí el llamado a predicar en África. Mi padre era ministro del evangelio, sincero y veraz. Sin embargo, mi padre y mi madre menospreciaron el valor de mi llamado. Durante mis años de adolescente, luché por aferrarme a lo que Dios me había hablado, sin ser irrespetuoso con mis padres. Fue un gran desafío.

Daniel tenía un dilema similar. A los diecinueve años, se había convertido en predicador a tiempo completo. Se mudó de su casa rural y comenzó a realizar cruzadas evangelísticas en las naciones cercanas de África, para finalmente establecer la iglesia evangélica Power Chapel en la ciudad de Onitsha. De muchas formas, parecía que ahora estaba muy por encima de su padre. Era el esposo de una sola mujer. Su gran iglesia en la ciudad y sus cruzadas le aportaba una mejor vida que lo que le podía haber dado cualquier carrera en la pequeña aldea de Amaimo. Se podía permitir tener un Mercedes y la gasolina para conducirlo. Tenía una renta disponible. Cuando visitaba su aldea natal, era bienvenido como un héroe, y no podía resistir la tentación de usar su posición para presionar el antiguo conflicto de la herejía de su padre. Aun así, Daniel amaba y respetaba a su padre, y deseaba profundamente que cambiase. Compartían muchas áreas donde pensaban igual, incluyendo muchos valores tribales; sin embargo, el anciano seguía acérrimo a sus supersticiones.

REYERTA FAMILIAR

Los valores tribales están más arraigados en los lugares rurales, como Amaimo, que en las ciudades como Onitsha. Para los habitantes de una aldea, el respeto por los ancianos de uno está en el pináculo de las virtudes paganas. Se extiende, en su extremo, hasta la adoración ancestral. Aunque Daniel sentía que podía diferir de su padre sin faltarle al respeto, algunos de sus hermanastros no pensaban igual. Durante una visita familiar unos meses atrás, habían escuchado a su padre silenciando a Daniel con las mismas palabras que él había usado tantas veces: "Llevo predicando de este Libro incluso desde antes de que tú nacieras. No me digas lo que está bien y lo que está mal". Para ellos, parecía como si Daniel hubiera mostrado una falta de respeto al patriarca familiar. Eso se consideraba una abominación.

Para aumentar más su enojo, la madre de Daniel había sido la primera esposa del Sr. Ikugpe, y seguía teniendo un lugar de privilegio sobre las otras esposas. Además, le había dado a Daniel ventajas injustas sobre los demás hijos, parecido a la esposa de Abraham, Sara, y su trato con Ismael. (Véase Génesis 21:1–11). La tensión resultante dio lugar a la violencia cuando los hermanastros de Daniel decidieron que Daniel tenía que aprender una lección.

Cuando visitó el recinto familiar, varios de ellos le atacaron, uno de ellos con tanta saña que la policía lo encarceló por intento de asesinato. Como resultado de las lesiones que tuvo tras el ataque, Daniel fue llevado al Hospital Umezuruike en Owerri. Su recuperación tardó días, y las heridas dejaron cicatrices en su rostro.

Su familia estaba aún confundida por el violento episodio de la mañana del viernes cuando Daniel decidió hacer algo drástico y heroico para calmar la tormenta.

EL SOBORNO

Tras alejarse de Nneka, Daniel decidió ofrecer una ofrenda de paz a su padre. Se acercaba la Navidad, una época en la que normalmente se las arreglaba para ejercer mucha influencia en la familia con regalos tradicionales para celebrar el nacimiento de Cristo. Con eso en mente, tomó a un amigo, un joven de su iglesia, y condujo su antiguo Mercedes-Benz de veinte años para conseguir una cabra muy cotizada. Como es común en Nigeria, cargó la cabra en el asiento de atrás del automóvil y la ató ahí.

Esa cabra sería un regalo especial para su padre, para que sirviera como el plato principal en una fiesta familiar de Navidad. También le diría a su padre que él pagaría el dinero de la fianza para que su hermano que seguía estando en prisión pudiera asistir también. Esperaba que ese fuera un poderoso gesto de reconciliación, un gesto que reconstruiría el puente de bienvenida a su familia extensa en Amaimo. También esperaba que allanase el camino para su destierro de Nneka.

Es fácil ver que Daniel se estaba contradiciendo, ya que por un lado buscaba la reconciliación con los que le habían perseguido mientras que al mismo tiempo hervía con falta de perdón hacia su esposa. Hipócrita o no, su plan pareció funcionar. En el recinto familiar en Amaimo, su padre quedó tan agradecido con el gesto de la cabra que se arrodilló en el suelo y le dio gracias a Dios por su maravilloso hijo. Daniel después les dio a su padre y a su madre grandes sumas de dinero, después de lo cual anunció la triste noticia de que Nneka le había golpeado, y entonces compartió su idea de desterrarla a su recinto por un año.

Su madre se autoproclamó paladina de su causa asegurando sin dudar que eso era lo que debía hacer. Se hicieron planes para que Daniel llevase a Nneka a Amaimo de visita el siguiente domingo. Cuando llegara el momento de irse, él les diría a ella y a los niños que debían quedarse con los abuelos en la aldea. En una sesión privada con Nneka, le explicaría que eso era como castigo por pegarle, y que duraría todo un año.

UNA CARRETERA PELIGROSA

Con su principal misión conseguida, Daniel le dijo a su padre que regresaría con arroz y verduras para completar la fiesta de Navidad, y después se fue para conducir los cien kilómetros desde Amaimo de regreso a Onitsha, con su amigo como pasajero. Al llegar a su propio vecindario, condujo por un barranco empinado.

Es importante para aquellos que nunca han conducido por África entender que incluso las calles de las ciudades y vecindarios tienen muy poco pavimento de asfalto. Salvo las principales vías, casi todas las calles son de tierra, y por tanto están expuestas a una terrible erosión durante las épocas de lluvia. Incluso en una carretera conocida pueden aparecer baches y grietas capaces casi de tragarse un automóvil. El personal técnico de la ciudad no siente la obligación de arreglar esos peligros, salvo en áreas de mucho tráfico o quizá en vecindarios de alto nivel adquisitivo, donde residen las personas con influencia política.

Daniel recuerda adelantar, quizá imprudentemente, a un camión de transportes en la cima de la colina, lo cual le hizo obtener más velocidad de lo normal al entrar en el barranco. Cuando descendía, intentó frenar pero vio que el pedal de freno llegó al máximo sin hacer efecto alguno. Volvió a pisarlo una y otra vez, solo para ver que su automóvil estaba fuera de control.

El vehículo se chocó de frente contra un contrafuerte de cemento que estaba diseñado para impedir que los vehículos se cayeran por el barranco que había debajo. Como Daniel no llevaba el cinturón de seguridad puesto, se golpeó contra el volante con mucha fuerza. El impacto arrojó a su amigo contra el cristal del lado contrario del vehículo. Sufrió daños, pero milagrosamente, no de mucha gravedad. Miró por el vehículo a Daniel y se quedó espantado. El impacto del eje del volante contra el pecho de Daniel le había causado un grave daño interno. Estaba sangrando por la nariz y estaba casi inconsciente. Enseguida, comenzó a vomitar grandes cantidades de sangre.

El recuerdo de Daniel es aún poco claro acerca de los detalles del accidente, pero recuerda oír los sonidos de la gente que rápidamente se arremolinó alrededor. Varios brazos tiraron de él desde el vehículo aplastado y le pusieron en el suelo. Oía conversaciones de quienes pasaban por allí describiendo sus lesiones mientras él continuaba vomitando sangre por la hemorragia interna. Oyó la voz de una mujer que ofrecía prestar el vehículo de su esposo para usarlo de ambulancia para llevarle a un hospital local.

Un rostro familiar apareció por encima de él, aunque hasta la fecha no está seguro de saber quién era. Después, alguien salió corriendo desde el lugar del accidente, gritando muy fuerte y con gran angustia: "¡Pastor Daniel! ¡Pastor Daniel!".

LA PESADILLA DE NNEKA

5

LA PESADILLA DE NNEKA

De nuevo en Onitsha, Nneka intentaba encontrar la paz. Pasó el día hablando con Dios y recordándole una promesa que Él le había dado después de que Daniel hubiera sido violentamente atacado por miembros de su familia. Durante su recuperación en el Hospital Umezuruike, en Owerri, había sufrido por la terrible violencia de sus hermanastros. En oración, había recibido una seguridad especial en su corazón después de leer estas palabras de Isaías: *"Y vendrán a ti humillados los hijos de los que te afligieron, y a las pisadas de tus pies se encorvarán todos los que te escarnecían, y te llamarán Ciudad de Jehová, Sion del Santo de Israel"* (Isaías 60:14).

Aunque Nneka sabía que este versículo había sido escrito como una profecía para Israel, recibió las palabras como para ella. Encajaban en su dolorosa situación y parecían prometerle que lo que la familia de Daniel había intentado para mal, Dios lo cambiaría para un bien aún mayor. (Véase Génesis 50:20). En su corazón, Nneka creyó que el Señor estaba hablando la palabra de Isaías para ella, prometiéndole que no experimentaría otra transgresión. Su hogar sería llamado *"Ciudad de Jehová"*.

A medida que realizaba las tareas del hogar ese día, declaraba que su hogar era la Ciudad de Jehová. Le recordó a Dios su promesa en Isaías. También le preguntó cuál podría ser el significado del conflicto entre ella y Daniel. Para su frustración, su esposo se había ido a hacer la paz con la casa de su padre, el mismo lugar donde había sido tan brutalmente golpeado. En su relación con Dios, sintió que ella tenía derecho a exigirle que cumpliera la promesa que Él le había dado. Pero entraba en conflicto con la falta de perdón que había en su matrimonio. En oración, preguntó: "¿Cuál es esta agresión en mi hogar? ¿Por qué está volviendo a ocurrir? Te exijo la promesa que me hiciste, Señor. Mi casa es la Ciudad de Jehová". Pero en ese momento, la Ciudad de Jehová estaba sitiada. Una tormenta de maldad se avecinaba sobre Nneka, una que casi haría volcar su fe.

Fue a la cocina, y había comenzado a preparar la cena cuando oyó por la ventana abierta los gritos de angustia de un joven que corría hacia su casa. Algo en el tono de su voz apresó su corazón con el conocimiento de que algo le había ocurrido a Daniel. Reconoció que el hombre era Kingsley Iruka, un vecino que también era amigo de la iglesia. Mientras corría, gritaba: "¡Es el Pastor Daniel! Ha tenido un accidente de tráfico. ¡Está sangrando mucho!".

OTRA TRANSGRESIÓN

En cuanto Nneka oyó esas palabras desde la calle, su cuerpo no resistió. Se cayó al suelo desmayada. Ese es un detalle revelador, creo yo. El estrés bajo el que estaba debió de haber sido muy grande. Sintió la culpa de su acción contra su esposo, por la que había intentado disculparse en dos ocasiones. También sintió el peso añadido de su rechazo. Además de sus oraciones, su mente estaba luchando con todo tipo de reflexiones negativas, algunas verdad y otras mentira. Sus pensamientos le acusaban un minuto y culpaban a su esposo al siguiente. Vueltas y vueltas, la tormenta mental se encolerizaba. Además de todo eso, ella también tenía varios meses de embarazo.

En tiempos de angustia, la carne quiere ser muy activa. Vemos esto ocurrir en los discípulos cuando intentaron cruzar el mar tormentoso con Jesús dormido en la barca. En su desesperación, dejaron de creer que Él cuidaba de ellos. Sus pensamientos les zambulleron en un mar de dudas, y cuando despertaron al Maestro, Él les reprendió por su falta de fe. (Véase Marcos 4:35–41; Lucas 8:22–25). Lo mismo ocurrió con Nneka, al aferrarse a sus pensamientos durante tanto tiempo. Mientras tanto, en su espíritu, el amor de Dios clamaba contra la naturaleza de la riña. El corazón de Cristo no tiene lugar para la falta de perdón. Ahora, de repente, la noticia de que Daniel había sufrido un accidente llevó sus emociones más allá de lo que su cuerpo podía soportar, y simplemente se derrumbó.

Los vecinos preocupados entraron en la casa y le encontraron inconsciente en el suelo. Con agua fría, le ayudaron a recuperarse. Tan pronto como fue consciente de su entorno, sus pensamientos le llevaron de nuevo a la acción. Se puso en pie, pidió a los vecinos que cuidaran de sus niños, y después siguió a Kingsley corriendo al lugar del accidente.

Al ver el Mercedes-Benz estrellado, su temor aumentó. Vio mucha sangre en el suelo, pero no había ni rastro de Daniel. Frenética, preguntó a los que allí estaban, quienes le dijeron que unos que pasaban por allí habían prestado su vehículo para llevarle al Hospital St. Charles Borromeo, que estaba en las afueras de la ciudad. Conocía bien el hospital, porque fue allí donde su hijo había recibido el tratamiento para una reciente enfermedad. Estaba a muchos kilómetros de distancia, demasiado lejos para ir caminando. ¿Y quién le podría llevar hasta allí? Incluso en una gran ciudad como Onitsha, los automóviles son caros. El costo de la gasolina puede ser una gran parte del sueldo total de una persona. Nunca se piensa que, en un instante, habrá disponible un vehículo de emergencia. Casi fuera de sí por la preocupación, Nneka regresó a su casa.

Kingsley intentó disipar sus temores y reafirmarla. Prometió encontrar a alguien que les llevase hasta el hospital.

EL PRIMER HOSPITAL

Mientras Kingsley buscaba un vehículo, Nneka hizo los preparativos con una vecina de confianza para que cuidara de sus dos hijos en su ausencia. Enseguida, Kingsley regresó con un conductor que les llevó a él y a Nneka atravesando la ciudad hasta el hospital. Encontraron a Daniel en la unidad de cuidados intensivos, conectado a una vía intravenosa. El doctor explicó que Daniel estaba teniendo dificultades para respirar y que había perdido mucha sangre. También le dijo que había preguntado por ella. Ella se acercó a su cama y se arrodilló.

"Pastor, Pastor, despierte", dijo el doctor. "Su esposa está aquí".

Daniel abrió sus ojos, viendo a través de una neblina de dolor y medicación. Tardó varios segundos en poder enfocarse en su rostro. "Nneka", fue todo lo que pudo decir.

"¿Quieres dejarme a mí y a los niños e irte al cielo?", le preguntó ella. "Creo que no deberías hacer eso".

Él preguntó: "¿Dónde estoy?".

"Estás en el Hospital Borromeo".

Además de sus dolorosas heridas y su estado medicado, comenzó a enojarse visiblemente cada vez más. Hizo señas a Nneka de que se acercara.

"Sácame de aquí", susurró. "Si me amas, tienes que sacarme de este lugar. No están haciendo nada por ayudarme. Tienes que llevarme a Owerri, al Hospital Umezuruike, donde sabrán lo que hacer. El Dr. Misereke es el doctor de allí, y es amigo mío. Él me trató muy bien de mis lesiones. Sabrá lo que debe hacer. Llévame de inmediato".

Nneka luchó contra la necesidad de llorar. Se preguntaba si las lesiones de Daniel le habrían trastornado su pensamiento, o si quizá la medicación hubiera empañado su mente. Pero no había hablado mal. Parecía saber exactamente lo que decía. Parecía extraño que quisiera viajar de nuevo los cien kilómetros, esta vez con graves lesiones. Pero Nneka apresó sus temores. Su esposo había hablado; no quería volver a mostrar la más mínima muestra de falta de respeto hacia él.

Cuando le contó al doctor el plan de reubicar a Daniel, se quedó impactado. Le advirtió que el viaje acabaría con Daniel. No había forma en que él pudiera autorizar un traslado en esa misma ciudad, así que mucho menos a Owerri.

Ella le dijo que conseguiría una ambulancia, para que una enfermera pudiera cuidar de su marido mientras conducían.

Aún sin estar satisfecho, le dijo que Daniel estaba en una condición muy grave y podría empeorar en cualquier momento. Él veía una locura trasladarle.

Ella regresó junto a Daniel y le dijo lo que le había dicho el doctor. "¿Aun así quieres que te lleve allí?", preguntó ella.

Él no dudó, aunque le costaba respirar. "Sí", dijo.

Su rumbo era claro. Estaba comenzando a anochecer. Hizo los preparativos para que una ambulancia realizara el traslado. Cuando el doctor se dio cuenta de que iba en serio, le llevó un impreso legal para que lo firmara, mediante el cual absolvía al Hospital St. Charles Borromeo de toda responsabilidad. El impreso especificaba claramente que ella estaba trasladando a su esposo en contra de todo consejo médico. Ella firmó con su nombre, y le entregaron una bolsa de plástico que contenía todas las pertenencias de Daniel. Entre ellos estaban su billetera, un reloj de bolsillo, su anillo de bodas y un teléfono celular.

LLAMANDO A LAS PUERTAS DEL CIELO

La ruta desde St. Charles Borromeo hasta el Hospital Umezuruike requería atravesar el tráfico pesado de la ciudad. El transporte terrestre en África es siempre una aventura, pero los riesgos de ese viaje eran incalculables. La sirena ayudó a limpiar el camino para que pasase la ambulancia rozando entre los vehículos atascados y las glorietas paralizadas. Solo unos pocos cruces estaban regulados por semáforos o policías. El viaje, que sería de una hora sin tráfico, tomaría dos horas o algo más.

Salieron, Nneka sentada delante entre el conductor y Kingsley. Quería que la enfermera se quedase atrás con su marido, para darle toda la ayuda posible. A medida que avanzaban en su viaje, sin embargo, su mente se llenaba de preocupaciones por lo desconocido. No había recibido un informe detallado de las lesiones de su esposo, ya que el hospital, como la mayoría de las instalaciones médicas en la región, estaba mínimamente equipado. El doctor tenía solo su estetoscopio para revisar el corazón y los pulmones; no tenía el beneficio de los electrocardiogramas, rayos X, resonancias magnéticas o un TAC. Esa era la razón por la que el deseo de Daniel de tener un doctor particular tenía sentido para Nneka. En la medicina simple, la destreza del doctor encargado puede marcar la diferencia.

Al mirar atrás, podía ver el pecho de Daniel jadeante. Le costaba introducir y sacar el aire de sus pulmones. ¿Habría perforado el pulmón alguna costilla rota, haciéndole que fallase? La hemorragia interna era un síntoma muy malo. Hasta ahora, Daniel no había recibido sangre para reponer la que había perdido. Una ampolla salina intravenosa había impedido la deshidratación, pero cada minuto que pasaba sin el cuidado adecuado parecía una hora perdida. Nneka se preocupaba aún más con cada curva y bache, lo cual ponía más tensión en las heridas de Daniel. No podía dejar de pensar en su propia mano firmando el impreso legal en St. Charles Borromeo. Todo el peso de esa decisión recaía solo sobre sus hombros, haciendo que cada kilómetro le pareciera una eternidad.

Al poco tiempo, la enfermera le dio un golpecito en el hombro. Daniel quería que ella pasase atrás y se sentara con él. Ella no esperó a que se detuviera el vehículo, sino que simplemente saltó por encima del asiento y se puso al lado de su esposo.

Inmediatamente, pudo ver que algo había cambiado. Daniel parecía preocupado. Su aspecto había tomado un tono pálido. Él abría y cerraba sus ojos, pero estaban nublados, y parecían querer rodar hacia atrás de su cabeza y permanecer cerrados. Él les obligaba a permanecer abiertos, luchando por mantener la consciencia, y haciendo señas para que ella se acercase.

"Hay una caja debajo de mi cama", dijo. "Contiene los papeles importantes de la iglesia". Hablaba como si lo estuviera haciendo por última vez.

"Ni siquiera pienses en eso ahora", le rogaba ella.

"Tendrás que saber cómo manejar el dinero... cómo tratar con el comité de la iglesia. He construido una buena casa para ti y los niños".

"No, no, no". Nneka meneó su cabeza con vigor.

"Necesitarás dinero para atender a nuestros hijos y el hijo que llevas dentro. Nneka, algunas personas son llamadas a morir jóvenes. Yo soy una de ellas".

Una reserva de lágrimas reprimidas fluyeron de los ojos de ella, llegando al otro lado de la camilla. "¡No, Daniel! No, mi esposo. Tú eres un hombre de Dios. Debes hablar en fe y no dudar. Vivirás y no morirás. Dios me ha prometido un futuro contigo".

Por dentro, Daniel sentía que se estaba muriendo. No era agradable. Oró en silencio para que Dios perdonara sus pecados y le recibiera en el cielo. Pero no pudo aguantar más por Nneka. Sus ojos rodaron hacia atrás, y se quedó inconsciente. La enfermera revisaba su pulso y su respiración, pero con el movimiento de la ambulancia no podía estar segura de que aún estuviera con ellos. "¡No me dejes!", gritó Nneka. "No te puedes ir. Vivirás y no morirás, ¡en el nombre de Jesús! ¡Dios me lo ha prometido! ¡Lo ha prometido! ¡Lo ha prometido!".

Finalmente, la verdad se estableció: Daniel Ekechukwu estaba muerto.

UNA ORACIÓN Y UNA PROMESA

En su mente, Nneka recordaba ese momento durante el reciente viaje de Daniel cuando ella había recibido una promesa, un momento de extraña paz, del Señor. Había tenido una visión de años de fruto y plenitud con su esposo. Cuando Daniel regresó del viaje, ella estaba deseosa de contárselo, pero antes de que pudiera hacerlo discutieron, y ella le golpeó. Ahora la paz de la promesa de Dios parecía muy lejana. Como un sueño. Como un cuento de hadas infantil. Como si nunca hubiera sucedido.

En la ambulancia, se inclinó y tocó el rostro de Daniel. Ella no estaba preparada para lo que sintió. Estaba sudado y frío; no hubo absolutamente ninguna respuesta a su toque. Puso su mano debajo de su nariz y no detectó aire alguno. De repente se sintió muy sola. Una noche oscura, cargada, había descendido a su alrededor mientras se apresuraban hacia Owerri, con la sirena sonando.

"Oh, Jesús", susurró ella entre un torrente de lágrimas, "tú me lo prometiste. Acuérdate de la promesa que me hiciste. Lo prometiste".

La sirena de la ambulancia de repente dejó de sonar cuando el vehículo dio un bandazo para detenerse a las puertas del Hospital Umezuruike. El conductor y Kingsley se bajaron de un salto, llamando a la ayuda de emergencia. Se apresuraron por la entrada principal y desaparecieron en el interior. Nneka se quedó con Daniel. La enfermera salió del vehículo por las puertas dobles traseras y se preparó para quitar la camilla, pero no tenía ruedas; era un trabajo para dos personas en buena condición física. Nneka esperó. Si tan solo pudieran llevarle dentro y conseguir que su circulación volviera a funcionar... Seguramente, había algún tratamiento que marcase la diferencia. Era aquí donde encontrarían al Dr. Misereke, el buen doctor que sabría lo que hacer. Un minuto de nervios se convirtió en dos, luego en tres.

El conductor de la ambulancia salió del hospital, con una mirada de disgusto en su rostro. Le hizo señas a la enfermera para que cerrara las puertas traseras del vehículo, mientras Kingsley volvió a subirse al asiento delantero del acompañante. "No hay médico de guardia", le dijo a Nneka. "No pueden aceptar pacientes de emergencia".

Nneka apenas pudo contener su frustración. "¿Pero pueden llamar al Dr. Misereke? Es amigo de Daniel. Él le conoce".

"Es el día libre del doctor", respondió él con impotencia. "Incluso los doctores necesitan pasar tiempo con sus familias".

"¿Y no hay otro doctor?", preguntó ella.

"No hay ninguno", dijo la enfermera de la ambulancia, mientras cerraba las puertas traseras. "Iremos al Hospital Médico Federal".

MISIÓN IMPOSIBLE

La sirena volvió a sonar con la ambulancia a toda prisa en la noche atravesando Owerri hacia el mayor hospital de la ciudad. Nneka lidiaba con terribles pensamientos de aversión a sí misma. ¿Por qué no le había dicho a alguien que llamara al Hospital Umezuruike antes de ir allí? Si hubieran sabido la situación, no hubieran malgastado un tiempo precioso; no hubieran corrido el riesgo. Daniel mismo hubiera accedido a quedarse en St. Charles Borromeo.

Ella lloraba mientras le daba masajes en la mano fría y el antebrazo a Daniel. Cuando soltó su mano, su brazo se desplomó sin vida al suelo junto a la camilla. "¡No, no!", insistía ella, levantando el brazo y poniéndolo encima de su pecho. Después, tomando su otro brazo, le sujetó ambos con una mano, usando la otra para masajearle con la intención de que la vida volviera a ellos.

Cuando la ambulancia se detuvo fuera del Centro Médico Federal, cerca del centro de la ciudad de Owerri, Nneka miró el edificio. Era grande e impactante, y pensó que quizá Dios había intervenido para llevarles a un hospital mejor. Aun así, mientras esperaba oír del equipo médico, experimentó un pavor repugnante.

Enseguida el conductor de la ambulancia regresó al vehículo, con aspecto desalentado. La sala de emergencias había cerrado. Como edificio del gobierno, iba en contra de su política aceptar pacientes de accidentes a esas horas de la noche.

Nneka no aceptaría tal respuesta. Salió de un salto por las puertas traseras y entró corriendo al hospital, gritando y llorando, rogando a cada miembro del personal que veía que admitieran a su marido. Finalmente, un doctor que había escuchado de lejos la conmoción llegó al recibidor.

Temiendo que su histeria pudiera enojar a otros pacientes que estaban descansando, le dijo que saldría y le examinaría en la ambulancia. Llevó a una enfermera con él. Usando su estetoscopio, revisó el pulso de Daniel, y luego confirmó que estaba muerto. Le dio indicaciones al conductor de cómo llegar al depósito de cadáveres.

Nneka rápidamente se encerró dentro de la ambulancia y le dijo al conductor que fuera a la casa de su tío, Okoronkwo Emmanuel, en Owerri. Él conocía a otros doctores en la ciudad. Ella insistía en que el doctor del Hospital Federal estaba equivocado y que Daniel aún tenía una oportunidad de vivir. El conductor obedeció; a fin de cuentas, ella era quien pagaría sus servicios.

A su llegada a la residencia Emmanuel, Nneka llamó a su tío para que viniese a la ambulancia. Le dijo que Daniel había sufrido un accidente de tráfico y necesitaba ver a su doctor especial en el Hospital Umezuruike. El Sr. Emmanuel no sabía nada acerca de ese doctor, pero se ofreció para llevarles a su propio doctor en la cercana clínica St. Eunice. Insistió en que era un buen doctor, cristiano, católico. De nuevo, la ambulancia salió corriendo a través de la ciudad hacia su último destino. Los sentimientos de pavor de Nneka aumentaron, casi abrumándola. Apenas podía soportar más autoaversión por haber sacado a Daniel de St. Charles Borromeo para que muriese en esa misión imposible. Todavía, su mente sencillamente no aceptaba el hecho de que estaba muerto.

UN CERTIFICADO DE DEFUNCIÓN

Al llegar a la clínica, encontraron al doctor del Sr. Emmanuel, el Dr. Josse Anuebunwa, de guardia. Por fin, el cuerpo de Daniel salió de la ambulancia a una sala de examen. Con Nneka, Kingsley y el Sr. Emmanuel al lado, el Dr. Anuebunwa escuchó con su estetoscopio en espera de encontrar algún latido, pero no encontró ninguno. Buscó el pulso. No había señales. Intentó escuchar alguna función pulmonar, pero no oyó nada. Finalmente, tomó su linterna de examinar y abrió los párpados de Daniel. Su mirada estaba fija, sus pupilas dilatadas. En diecisiete años de práctica, el Dr. Anuebunwa había visto cadáveres suficientes como para reconocer los síntomas.

"Su esposo está muerto, Nneka", dijo. "Lo siento. No podemos hacer nada más".

Ella se hundió en el suelo, llorando con una profunda angustia, sintiéndose sola y traicionada: traicionada por Dios, por su esposo, por sus propias acciones y por las malas circunstancias del accidente. En ese momento, sin embargo, aún le quedaba algo. Algo incluso más profundo en su interior rehusaba extinguirse ante el implacable ataque de la muerte y la destrucción. Era el parpadeo de la promesa que había recibido en la noche, avivada para arder mediante el versículo de Isaías, diciéndole que su casa sería llamada Ciudad de Jehová. ¿Podía quedar algo de eso, ahora que Daniel estaba muerto? Quizá proporcionaba algo a lo que aún podía aferrarse. ¿Pero cómo? Mientras el Dr. Anuebunwa comenzaba a rellenar el certificado de defunción, ella miraba fijamente y aturdida al papel.

Daniel fue declarado muerto el viernes, 30 de noviembre de 2001, a las 11:30 de la noche, en la Clínica St. Eunice de Owerri. El certificado detallaba los resultados de los exámenes y enumeraba los factores que habían llevado a la conclusión de "defunción". En la parte de abajo del certificado, el doctor escribió su recomendación: "Para llevar al tanatorio". Poniendo en juego todo el peso de su reputación personal, selló el documento con su firma.

LA ESPERANZA DE NNEKA

6

LA ESPERANZA DE NNEKA

Según la costumbre tribal, en el momento en que Daniel murió, su cuerpo dejó de pertenecerle a Nneka; le pertenecía a su padre: Lawrence Ekechukwu Ikugpe. Antes de llevar el cuerpo al tanatorio, ella sintió la obligación de llevarlo a la aldea natal de Daniel, a la casa de su padre, que estaba solamente a quince kilómetros de distancia. Se sentía sin fuerza para intentar hacer otra cosa. Por lo tanto, la ambulancia se convirtió en un coche fúnebre, transportando el cuerpo hasta Amaimo.

La aldea no estaba cerca de ninguna carretera principal. De hecho, los últimos kilómetros del viaje no eran otra cosa que un sendero. Las personas que vivían en esa región viajan a pie. Algunos tienen bueyes y carretas, la mayoría tiene acceso a una bicicleta, y algunos tienen scooters motorizados. Los automóviles son la rara excepción, y el sistema de carreteras refleja este hecho. A cien metros del recinto familiar mismo, la ambulancia se vio forzada a detenerse en un sumidero abierto, y la distancia final tuvieron que hacerla a pie. Llegaron justo después de la medianoche. Nneka le pidió a la enfermera que abriera las puertas traseras de la ambulancia. Ella se quedó ahí con el cuerpo mientras Kingsley fue a buscar al padre de Daniel.

En la casa, Kingsley llamó por la ventana para despertar al Sr. Ikugpe. En la región del Delta del Níger las casas tienen entradas, pero no hay puertas; hay ventanas, pero sin cristales. Las cortinas son suficientes, pero sin embargo, incluso estas son consideradas un lujo. Las temperaturas en el clima tropical son agradables, fluctuando entre veinte y veinticinco grados centígrados, de día y de noche. Cuando Kingsley llamó al Sr. Ikugpe, otros miembros de la familia se despertaron. Salieron de sus casas y se reunieron en el área común cerca de la casa principal.

Por fin, el patriarca del clan salió renqueante al exterior, apoyándose en su bastón. Inmediatamente sintió que sucedía algo grave. Kingsley le contó la impactante historia del accidente y la subsiguiente muerte de Daniel. El anciano lo escuchó, sin estar seguro de haber oído correctamente. Otros familiares comenzaron a gemir.

El Sr. Ikugpe parecía aturdido mientras Kingsley le conducía hasta la ambulancia, alumbrando su camino con una linterna. En el vehículo, Nneka comenzó a llorar silenciosamente cuando vio al anciano. Ella sabía bien que el padre de Daniel también había sido su adversario espiritual durante muchos años. Era impensable para ella que un representante de la verdadera fe cayera tan bajo delante de un curandero. Pero ¿qué podía hacer ella?

Ayudó al padre de Daniel a entrar en la ambulancia para ver el cuerpo de su hijo. Él le tocó y sintió la piel fría. El rigor mortis ya estaba en sus miembros. En el resplandor de la luz del techo de la ambulancia, su rostro parecía plácido. Fue entonces cuando la realidad le golpeó, y supo que ese era el mismo hijo que le había visitado aquella misma mañana. Tras aceptar la muerte, comenzó a gemir y a llorar con fuerza, mientras el resto de la familia extensa de Daniel se juntó para unirse al coro de agonía.

Enseguida todo el vecindario se había despertado, y llegaba gente corriendo de todos lados para ver qué estaba provocando el alboroto. A medida que los curiosos se agolpaban alrededor de la ambulancia, el Sr. Ikugpe sugirió que él y Nneka llevaran el cuerpo al tanatorio local durante la noche. Estaba solo a poco más de un kilómetro del recinto familiar. Y así, la ambulancia volvió a servir de coche fúnebre.

EN EL TANATORIO

El tanatorio del Hospital General de Ikeduru estaba en una aldea rudimentaria, algo parecido al recinto familiar de Amaimo. El empleado de la funeraria, el Sr. Barlington Manu, vivía junto al tanatorio, un negocio familiar que había heredado de su padre. El tanatorio principalmente servía al hospital de la aldea adyacente de Inyishi. El Sr. Ikugpe conocía a Barlington Manu por su reputación, al haber pasado toda su vida en esa zona.

Como la mayoría de las estructuras residenciales de la región, el edificio del tanatorio no tenía puertas ni cristales en las ventanas. Los animales salvajes o domésticos, incluidos los roedores, podían entrar fácilmente hasta donde estaban los cadáveres, de no ser por el olor químico que los repelía. No se veía ni tan siquiera una mosca dentro del edificio. Durante generaciones, la familia Manu nunca había tenido ningún cadáver importunado. Su salario dependía de ello.

Se acercaban a la casa del Sr. Manu y le llamaron desde la entrada. Tras varios minutos, salió de la casa. El Sr. Ikugpe le explicó que su hijo acababa de morir y que le había llevado para ser embalsamado. Tras ser notificado de la situación, el Sr. Manu encendió un generador de gasolina que iluminaba las luces elevadas del tanatorio para trabajar durante la noche. Kingsley y el conductor de la ambulancia le ayudaron llevando la camilla con el cuerpo de Daniel al edificio.

Había decenas de cuerpos en el tanatorio, protegidos de la descomposición con inyecciones de formaldehído que administraba el Sr. Manu. No había refrigeración, por supuesto, y este era un método probado durante años que preservaba los cuerpos en condiciones razonables hasta que la familia podía recaudar dinero suficiente para organizar el debido entierro. Un cuerpo en el edificio había estado esperando su entierro durante cinco años.

Retiraron el cuerpo de Daniel de la camilla y lo colocaron sobre una losa. El Sr. Manu usó un estetoscopio para realizar su propio examen del cadáver. Cuando verificó la validez del certificado de defunción, informó al Sr. Ikugpe y a Nneka de que procedería con el proceso de embalsamiento esa noche. Les dio sus condolencias, y luego añadió el cuerpo a su listado de cadáveres. El registro, que existe hasta la fecha, dice que Daniel fue recibido el viernes, 30 de noviembre de 2001. De hecho, fue a primera hora del sábado, 1 de diciembre cuando llegó; pero en esta parte rural de Nigeria nadie lleva reloj, y por eso la noche pertenece aún al día anterior. En la mente del Sr. Manu, no sería sábado hasta que saliera el sol. El padre de Daniel le pagó mil naira para comenzar con el proceso de embalsamiento.

EMBALSAMAR AL MUERTO

Nneka y su suegro viajaron en ambulancia de regreso al recinto familiar en Amaimo. Se decidió que ella se quedara allí hasta que se concretaran los planes para el funeral. El conductor de la ambulancia recibió su dinero, y el vehículo y la enfermera se vieron libres para regresar a su hogar en Onitsha. Nneka se quedaría en una habitación en la casa del Sr. Ikugpe donde podría descansar e intentar dormir un poco.

Mientras tanto, en el tanatorio, el Sr. Manu llamó a su ayudante, que vivía cerca, para ayudarle a preparar el cuerpo para su almacenamiento. Después, tomó una jeringuilla e inyectó una mezcla de formaldehído entre los dedos de las manos y de los pies. Sus dedos estaban comenzando a curvarse, y el producto químico ayudaría a aliviar el rigor mortis. Este procedimiento también facilitaría el poder preparar el cuerpo para el proceso principal de embalsamiento. El siguiente paso sería usar una bomba de mano para introducir una mezcla de agua y formaldehído en el sistema circulatorio para reemplazar la sangre. Para conseguir eso, primero tenía que hacer una incisión en la cara interior del muslo, para poder insertar un catéter grande en la arteria femoral. Esto proporcionaría el acceso para que el producto químico entrara en el flujo sanguíneo. Un gran contenedor de formaldehído con una bomba manual estaba junto a ellos para ese propósito.

Después tendría que hacer otra incisión, para insertar un segundo catéter en una arteria principal en el lado opuesto del cuerpo. Se puso un gran barreño allí para recibir la sangre que saliera. El proceso se realizaría lentamente, y se repetiría varias veces, hasta que el producto químico realizara todo el recorrido hasta los capilares pequeños y finalmente penetrara hasta el tejido blando de todo el cuerpo. El producto químico finalmente también sería absorbido por la piel, preservándola así de la descomposición y repeliendo de forma natural cualquier animal o insecto que pudiera verse incitado a devorarla.

INTERRUPCIÓN DIVINA

Cuando el Sr. Manu hizo su primera incisión en el muslo, recibió lo que le pareció como una fuerte corriente eléctrica. Le impulsó hacia atrás con mucha fuerza. Él y su ayudante se miraron el uno al otro con preocupación. Como animistas practicantes que eran, creían que toda realidad física está impregnada de espíritus de varios tipos: algunos malos, otros buenos, otros neutrales. En su trabajo de embalsamar a los muertos, el Sr. Manu tenía una gran consideración por el mundo espiritual, y no sería él quien ignorase las señales de que estaba violando un territorio perteneciente a una hueste invisible. Sabía que el padre de Daniel, el Sr. Ikugpe, era un curandero local, y sospechaba que, a través de su padre, Daniel había adquirido espíritus poderosos que estaban interfiriendo en el procedimiento. El Sr. Manu pensó que quizá el Sr. Ikugpe podría hacer algún ritual que pudiera poner fin a esa travesura espiritual.

Pero antes, no obstante, decidió intentar hacer una incisión en el otro lado del cuerpo, pensando que quizá el muslo opuesto no estaría conectado al mismo espíritu. De nuevo, la carga de electricidad le empujó hacia atrás. Esta vez, la señal no dejó duda alguna. Todo su brazo se quedó dormido a consecuencia del impacto, hasta el grado de no poder coordinar su movimiento durante el resto de la noche. Querer seguir trabajando más sobre el cuerpo sería en vano. Le dijo a su asistente que debían ir a la casa del Sr. Ikugpe en la mañana y pedirle que hiciera algo de magia para aplacar a las entidades invisibles.

Con eso, pidió a su asistente que le ayudara a llevar el cuerpo a la Sala 2, donde había otros dos cuerpos en las losas elevadas, esperando ser embalsamados. Lo subieron hasta el último espacio disponible sobre la losa, y luego el Sr. Manu apagó el generador, observando cómo se apagaban las luces. Le deseó a su ayudante que pasara una buena noche y regresó a su casa para seguir durmiendo.

En su propia cama, vio que su esposa estaba profundamente dormida. Pero antes de poder cerrar sus ojos, el Sr. Manu oyó el sonido de un coro góspel que cantaba y daba palmas en la noche. Era un sonido muy extraño a esas horas de la noche. Pensó que quizá la pequeña iglesia a la que asistía su esposa, que estaba situada a varios cientos de metros del tanatorio, había decidido tener algún tipo de vigilia de medianoche. Despertó a su esposa y le preguntó si la iglesia tenía alguna reunión. Ella le aseguró que no.

Salió al exterior y, para sorpresa suya, descubrió que el canto parecía proceder del tanatorio, y no de la iglesia. Sacudió su cabeza con perplejidad, y después fue a la puerta y se asomó. Al hacerlo, el canto se detuvo. El miedo comenzó a subirle por la espalda hasta la base de su cráneo, haciéndole temblar.

Decidido a sacarlo de su mente, regresó a su cama. Cuando cerró sus ojos, el canto continuó. A pesar del pavor que sentía, sencillamente no podía ignorarlo. Tenía que identificar la fuente del canto. Se levantó otra vez y volvió sobre sus pasos de nuevo hasta el tanatorio. Cuando se acercaba a la puerta, el canto se detuvo. Pero él no se detuvo en la puerta esta vez; entró en el edificio oscuro, iluminado solo débilmente por la luz de las estrellas que se filtraba por las ventanas y puertas, y se dirigió a la Sala 2.

Cuando miró en su interior, lo que vio no se parecía a nada que jamás hubiera visto en todos sus años de práctica. El rostro de Daniel resplandecía. Diminutos puntos de luz emanaban de su piel y regresaban, como si estuvieran haciendo algún tipo de baile de partículas de luz. El Sr. Manu miró por la ventana para ver si la luna estaba vertiendo un rayo de luz sobre el rostro del cadáver, pero con el ángulo que tenía era imposible que eso sucediera. Miró los rostros de los otros dos cuerpos inertes sobre la losa. Esa luz no provenía de ellos. Solamente Daniel estaba brillando. Esa manifestación superaba la capacidad del Sr. Manu de entenderlo. Concluyó que los poderes que actuaban en el cuerpo de Daniel eran demasiado fuertes para él. Temía que seguramente le hicieran daño si intentaba embalsamar el cuerpo.

OTRA PROMESA

Mientras tanto, en Amaimo, Nneka estaba sentada en su cama, leyendo su Biblia a la luz de una vela. En la página que tenía delante estaba el capítulo 11 de Hebreos, un pasaje famoso por su lista de héroes de la fe del Antiguo Testamento. De repente, una frase del capítulo casi saltó de la página: *"Las mujeres recibieron sus muertos mediante resurrección"* (Hebreos 11:35). Las palabras provocaron un poderoso pensamiento en su mente: *Si las mujeres del Antiguo Testamento recibieron sus muertos mediante resurrección, ¿por qué no yo?* Daniel estaba muerto. En lo natural, no había esperanza; pero con Dios, todo es posible. (Véase Mateo 19:26; Marcos 10:27; Lucas 18:27).

Su mente regresó al momento íntimo con Dios en el que había recibido su paz y su promesa. Una nueva esperanza estaba naciendo en su corazón al volver a leer el versículo de Hebreos. Había recibido una visión de un futuro con Daniel: los dos sirviendo al Señor juntos como uno. Esa visión se cumpliría solo si se apropiaba de este versículo de algún modo, si se convertía en una de esas mujeres que recibieron sus muertos mediante resurrección. Abrazó su Biblia y cerró sus ojos bajo la parpadeante luz de la vela.

"Oh, Padre, Padre", oraba, "permíteme ser una de esas mujeres".

EL SUEÑO DE NNEKA

7

EL SUEÑO DE NNEKA

El sábado en la mañana, el Sr. Manu y su ayudante llegaron al recinto familiar del Sr. Ikugpe. Nneka salió de la casa con el padre de Daniel para recibirle en el patio. El director de la funeraria puso el billete de las mil naira firmemente en la mano del hombre y luego dio un paso atrás.

Dijo: "Debe venir usted a llevarse el cuerpo de mi tanatorio enseguida. No puedo hacer mi trabajo".

El Sr. Ikugpe respondió: "¿Por qué no puede hacer su trabajo?".

"Por favor, por favor", dijo el Sr. Manu, "le digo que hay fuerzas extrañas alrededor del cuerpo. Intenté dos veces inyectar el fluido para embalsamar y recibí el impacto de una corriente eléctrica. ¿Qué le ha hecho usted para que ocurra eso?".

"¿Qué quiere decir? Yo no he hecho nada", respondió el Sr. Ikugpe.

Nneka escuchaba este intercambio con gran interés.

El Sr. Manu continuó: "Usted le ha debido de poner un hechizo o algún encantamiento poderoso en el cuerpo. Usted ha atraído malos espíritus. No me dejan trabajar".

"No, no. Yo no he hecho nada".

"Seguro que sí", insistió el Sr. Manu. "Usted es un anciano poderoso que habla con los antepasados. Durante la noche, algunos de ellos estaban cantando. ¿Cómo era la canción? Oí música procedente del tanatorio. Palmas y cantos".

En ese momento, Nneka no pudo contener su emoción. Sospechaba que el cuerpo había atraído buenos espíritus, no malos. "¿Qué tipo de canción?", preguntó ella. "¿Era un canto con tambores?". En su mente, este tipo de ruido sería indicativo de una ceremonia animista o vudú.

"No, no. Era como los himnos que cantan en la iglesia donde va mi esposa el domingo. La iglesia está justamente pegada al tanatorio. Pensé que estaban cantando en la noche, pero desperté a mi esposa y me dijo que no. No había ningún servicio a esas horas".

Al oír eso, Nneka se emocionó secretamente. Cantar himnos significaba para ella que el Sr. Manu había oído un coro angelical, y la idea le dio una explosión de nueva esperanza.

"El canto venía del tanatorio", continuó él. "Y cuando fui a inspeccionar, la canción se detuvo. Eso no ocurrió una vez, sino dos. Y algo más: entré para inspeccionar el cuerpo, y el rostro de Daniel estaba irradiando una luz. Pequeñas partículas de luz revoloteaban entrando y saliendo por la piel de su rostro. Nunca he visto nada igual en todos mis años de práctica".

LA LLAMA DE LA FE

Nneka conocía el versículo que describe a Dios como luz. El mismo versículo sigue declarando que "*no hay ningunas tinieblas en él*" (1 Juan 1:5).

La Biblia deja claro que el reino de la luz reina sobre el reino de la oscuridad. En la mente de ella, que el rostro de Daniel hubiera resplandecido con luz parecía indicar que Dios estaba actuando, y no el príncipe de las tinieblas. Una chispa de esperanza comenzó a generar una llama de fe en su interior.

Resultó que el Sr. Ikugpe tenía su propia interpretación de la luz en el rostro de Daniel. "Eso de la luz lo puedo explicar", dijo moviendo su bastón ceremonial. "Sé lo que usted está viendo. Mi hijo era un hombre de Dios, un predicador del evangelio. Por eso hay luz en él. Yo no hice nada".

"Tiene razón", dijo Nneka. "Creo que es una señal de que Dios le resucitará de la muerte", añadió.

El Sr. Ikugpe y el Sr. Manu se quedaron demasiado impactados como para poder responder.

"Anoche", continuó ella, "recibí un versículo del libro de Hebreos. Dice: *'Las mujeres recibieron sus muertos mediante resurrección'*. Creo que eso es lo que Dios hará conmigo".

"El dolor te está volviendo loca", dijo su suegro. Él habló como si fuera algo obvio. "Eso es lo que te pasa. Estás perdiendo el juicio. Daniel está muerto. ¡Seguro que no resucitará!". Habló con la voz de autoridad que a menudo usan los patriarcas para reafirmar su liderazgo sobre la familia, incluyendo sus esposas, un tono que normalmente indica el final de la discusión.

Pero la fe de Nneka estaba comenzando a hacerle valiente. Ella respondió tranquilamente: "Si Dios me ha prometido algo, Papá, ¿quiere usted ser el que se interponga en su camino?".

El Sr. Ikugpe permaneció en silencio. Meditaba en su respuesta cuidadosamente. Aunque era animista, pensaba de sí mismo como uno de los ayudantes de Dios, no su enemigo. "El doctor dijo que estaba muerto", respondió al fin. "El Sr. Manu dijo que estaba muerto. Si estaban equivocados, entonces alguien ha puesto a Daniel bajo una maldición de vudú, como la maldición de un zombi. Yo tengo un ritual para eso, y puedo descubrir si eso es cierto. Tomaré mi Biblia y le golpearé con ella en la cabeza siete veces. Si es un zombi, resucitará. Si está muerto, no habrá nada que nadie pueda hacer por él".

"Eso está bien", dijo el Sr. Manu, "pero por favor, deberá usted contratar a otra ambulancia y llevarse el cuerpo hoy. Se lo debe llevar antes de que comience a pudrirse. Venga ahora y hágalo. A mí me dan miedos las cosas que están ocurriendo. No quiero tener nada que ver con esto".

"Iremos hoy, y llevaré mi Biblia", le prometió el Sr. Ikugpe.

EL RITUAL ZOMBI

El largo camino hasta el tanatorio se hizo lentamente. El Sr. Ikugpe caminaba con su bastón de colores, un símbolo ceremonial que le había transmitido su padre, quien a su vez lo había recibido de su propio padre. Todos ellos habían sido sacerdotes animistas. Nneka caminaba junto a él. Un joven hermanastro de Daniel caminaba a su otro lado, cubriendo con un paraguas la cabeza del patriarca, para darle sombra del sol. El Sr. Ikugpe le había pedido a Nneka que llevara el teléfono celular de Daniel.

"Usa el teléfono para contratar una ambulancia de Owerri", le ordenó él. "Yo lo pagaré. Le llevaremos al tanatorio de la Clínica St. Eunice, donde certificaron su muerte. Y no les diremos nada de lo que ha ocurrido con el Sr. Manu. ¿Entiendes?".

"Sí, Papá", dijo Nneka.

Mientras caminaban, ella comenzó a contratar por el teléfono la ambulancia en Owerri. Aunque no fue capaz de encontrar una disponible para el sábado, sí pudo asegurar una para el domingo. El conductor le dijo que conocía el lugar del tanatorio del Hospital General de Ikeduru, y acordaron encontrarse allí en la mañana.

Entraron en el tanatorio con el Sr. Manu y su ayudante. Él les enseñó la Sala 2 y la losa que Daniel compartía con otros dos cadáveres. El Sr. Ikugpe comprobó las piernas de Daniel para ver el rigor mortis. El cuerpo de su hijo estaba bastante rígido. Después musitó un encantamiento que solo él entendía, y golpeó a Daniel en la cabeza con su Biblia. Después de mascullar algo más, le volvió a golpear. Repitió el proceso siete veces. Al final, se volvió hacia Nneka y dijo: "Está muerto. Final del asunto".

"Sí, Papá", dijo ella, "es el final de lo que tú puedes hacer, pero no es el final de lo que Dios puede hacer". De nuevo, Nneka expresó su fe con valentía.

"Yo soy un hombre de Dios", protestó su suegro. "Daniel es un hombre de Dios. Yo le golpeé con la Biblia siete veces. No resucitó. ¿Qué va a hacer Dios por ti?".

"No lo sé", dijo ella. "Pero en la Biblia, mujeres recibieron sus muertos mediante resurrección. Yo soy una mujer. Eso es lo que creo que ocurrirá".

El Sr. Ikugpe estaba seguro de que Nneka había perdido el juicio. Sacudió su cabeza tristemente y miró al Sr. Manu. "Llevaremos el cuerpo en la mañana a otro tanatorio. ¿Podría tener a Daniel aquí una noche más?".

El Sr. Manu no parecía sentirse cómodo con la idea, pero accedió, reticentemente. "Pero no está embalsamado, y el cuerpo atraerá a las moscas", dijo. "No puedo permitir eso. Llenaré su nariz con algodón para impedir que los insectos se metan dentro y pongan huevos. Esto es un gran riesgo para mí, profesionalmente, tenerle aquí sin estar embalsamado".

"Le pagaré por cualquier cosa que le tenga que hacer para mantenerle aquí hasta que podamos venir mañana en la mañana", le aseguró el Sr. Ikugpe.

"Muy bien".

LA CITA DIVINA

Nneka dijo que ayunaría y oraría en el recinto familiar durante el resto del día. Casualmente, al mismo tiempo, yo estaba orando y ayunando en la habitación de mi hotel en Lagos, buscando dirección para la decisión de trasladar mi sede de Cristo para todas las Naciones. En ese momento, ninguno nos imaginábamos que nuestros caminos se cruzarían en unas veintiséis horas.

Cuando llegaron al recinto, el Sr. Ikugpe insistió en que llevaran a los dos hijos de Nneka desde Onitsha. Él quería que Nneka le acompañara en taxi a recoger a sus hijos de casa de los vecinos y los llevase a su recinto. En su mente, Nneka estaba actuando de manera irresponsable, buscando la resurrección de su esposo cuando debería ocuparse de sus tareas como madre. Él esperaba que llevar a sus hijos al recinto y ponerlos bajo su cuidado la obligaría a actuar de manera más responsable. Antes de salir para recoger a los niños, Nneka reunió a la familia y les pidió que les dijeran a los niños que su papá estaba fuera en la aldea. Eso no será una mentira, explicó. Ella no quería traumatizarles durante la espera.

En la tarde noche, Nneka se reunió con sus dos hijos. Su plan parecía funcionar. Les dijeron que su padre estaba en la aldea. Como hacen los niños, se pusieron a jugar y a comportarse normalmente toda la tarde, hasta que se cansaron y estuvieron listos para irse a dormir.

Al llegar la noche del sábado, Nneka acostó a sus dos hijos en una habitación separada. Ella también estaba agotada. El trauma del día anterior, además de la falta de sueño la noche antes, finalmente estaba haciendo mella en su cuerpo. Incapaz de mantener sus ojos abiertos, entró en su cuarto y se derrumbó en la cama. En algún momento de la noche, tuvo un sueño muy real, en el que el rostro de Daniel apareció y le dijo: *"¿Por qué me has dejado en el tanatorio? No estoy muerto. Quiero que retires mi cuerpo y lo lleves mañana a la reunión de Reinhard Bonnke en la Catedral de Gracia".*

Inmediatamente, se sintió totalmente despierta. La fuerza del sueño fue tal que no pudo contenerse de llorar con fuerza. Sus lágrimas no eran solo lágrimas de dolor, sino también lágrimas de temor mezclado con esperanza. Las piezas estaban empezando a encajar en un fantástico rompecabezas. La promesa de Dios de un futuro con Daniel, el versículo que decía que las mujeres recibieron sus muertos mediante resurrección, la canción del tanatorio, la luz en el rostro de Daniel y ahora ese sueño de Daniel hablándole: las señales parecían decirle que Dios estaba obrando para resucitar a Daniel, y ella no quería perderse su parte en el suceso.

En todo su reciente trauma, no había tenido tiempo para pensar en el hecho de que yo estaba de vuelta en Onitsha para hablar en la dedicación de la Catedral de Gracia. No se le había olvidado, pero no le había parecido relevante ante las dificultades que estaba viviendo. Las palabras de Daniel en el sueño despertaron su memoria, haciendo crecer la fe en su corazón a otro nivel. Tanto ella como Daniel habían asistido a la cruzada de Christ for all Nations en Onitsha la primavera anterior, y ella se acordó de que muchas personas habían aceptado a Jesús como su Salvador, y que muchos habían sido sanados milagrosamente cuando yo prediqué. Nadie de los que ella conocía en Onitsha había visto nunca nada como eso.

La congregación de la iglesia que pastoreaba Daniel, Power Chapel, había recibido muchos nuevos miembros tras la estela de la cruzada. Nneka también recordaba lo que le habían enseñado en la Conferencia de Fuego y lo fuerte que había sentido al Espíritu Santo en la reunión de los creyentes. En sus palabras, ella se convenció esa noche de que "Reinhard Bonnke tenía una unción que resucitaría a Daniel de la muerte". Esta era una idea que no se le habría ocurrido si su esposo no se le hubiera aparecido, haciéndole esa petición en un sueño.

Nneka se llenó de la determinación de hacer lo que él le había pedido. Creía que si lograba llevar su cuerpo a la Catedral de Gracia al día siguiente, Dios usaría mi oración para resucitarle de la muerte. Para ella, era como la determinación de la mujer en la Biblia que se había abierto paso entre la multitud para llegar hasta Jesús y tocar el borde de su manto. Cuando la mujer consiguió su objetivo, recibió la sanidad de una enfermedad incurable. Jesús se volvió a ella y le dijo que su fe había hecho posible el milagro. (Véase Mateo 9:20–22; Marcos 5:25–34; Lucas 8:43–48).

De igual forma, Nneka fijó su mente en conseguir que yo orase por Daniel. Creía que una atmósfera de fe, o como ella lo llamó, "una unción", estaría presente en la reunión y traería de nuevo a la vida a su esposo. Ya había conseguido que la ambulancia llevara su cuerpo a otro tanatorio, así que simplemente tendría que redirigirla a Onitsha. Eso si Papi, el Sr. Ikugpe, lo permitía.

EL SUEÑO DE LA MUERTE

El llanto de Nneka había despertado al Sr. Ikugpe. De pie a la entrada de su puerta, él le preguntó si podía entrar. Ella le dio permiso. Cuando entró en la habitación, le preguntó por qué estaba llorando. Ella le contó el sueño y le rogó que le permitiese llevar a Daniel a mi reunión en Onitsha.

A él no le gustó mucho oír eso. "Hija, no me gusta verte así. Tu dolor te ha arrastrado. El cuerpo debe ser embalsamado y enterrado. No puedo permitir que deshonres así a Daniel".

"Oh, Papá, por favor, por favor. No soy yo la que está haciendo esto. Es obra de Dios, y yo estoy obedeciendo lo que Él quiere que hagamos. Hay esperanza".

"No puedo seguir escuchándote. El cuerpo de mi hijo no andará por ahí, humillando a mi familia. En la mañana, tomaremos el cuerpo y lo llevaremos al tanatorio de Owerri. Esa es mi última palabra al respecto".

Nneka no pudo volver a pegar ojo. Sus lágrimas brotaron toda la noche. Cada pocos minutos, iba a la ventana a mirar al cielo del este, deseando que el sol saliese para poder regresar al tanatorio y poner a Daniel en la ambulancia. En lo secreto prometió que si el padre de Daniel no accedía a decirle al conductor de la ambulancia que llevara el cuerpo a la iglesia de Onitsha, ella misma pagaría a los asistentes de la ambulancia para cambiar la ruta y dirigirla allí con el cuerpo.

Este plan cobró cada vez más fuerza en su mente debido a algo que Daniel le había dicho en el sueño, algo extraño que ella aún no entendía. Él le había dicho que no estaba muerto. Todas las evidencias físicas decían que estaba muerto, pero en su sueño, él le había dicho claramente que no lo estaba. También había expresado su desagrado por haberle dejado en el tanatorio. Las corrientes eléctricas, el canto y la luz que emanaba de su rostro durante la noche habían impedido que el Sr. Manu pudiera embalsamar el cuerpo. Esas señales parecían apoyar la verdad de esta idea. Algo en el ámbito de lo invisible estaba testificando que, sin duda, Daniel no estaba muerto. Sin embargo, en el ámbito de lo físico él parecía estar muy muerto. No respiraba, no tenía pulso, sus pupilas estaban fijas y dilatadas, y sus miembros estaban rígidos.

Nneka había leído muchas veces el relato bíblico de la muerte de la hija de Jairo. (Véase, por ejemplo, Lucas 8:41–42, 49–56). Cuando todas las plañideras lloraban junto al cuerpo de la pequeña, Jesús entró en la casa y dijo: *"No lloréis; no está muerta, sino que duerme"* (Lucas 8:52). Los que lloraban en la casa pensaron que estaba loco, y se burlaron de Él con desprecio. Entonces, el Señor tomó de la mano el cuerpo inerte de la niña y le resucitó. Jesús había dicho la verdad al decir que dormía. Fue el sueño de la muerte. En lo físico, ella estaba muerta; pero para Dios, su condición era temporal, como el sueño. En verdad, la muerte es algo temporal para todos. Un día, todos despertaremos de la muerte. Viviremos para siempre, con recompensa eterna o castigo eterno.

En otra ocasión, Jesús dijo a sus discípulos que su amigo Lázaro de Betania estaba dormido, y al decir "dormido", quería decir "muerto". (Véase Juan 11:11–14). Cuando llegaron a la casa de Lázaro, les dijeron que había estado muerto en la tumba durante cuatro días. (Véase Juan 11:17, 39). Jesús dijo: *"Yo soy la resurrección y la vida; el que cree en mí, aunque esté muerto, vivirá"* (Juan 11:25), y después llamó a Lázaro a salir de la tumba. (Véase Juan 11:43–44).

De forma similar, Daniel mostraba todas las señales naturales de estar muerto; pero quizá, como Jesús había dicho, simplemente estaba dormido, en cuyo caso, Nneka se podía imaginar recibir a su esposo muerto de nuevo a la vida, ¡al igual que en la Biblia!

Aún había otro detalle en el sueño de Nneka que fortalecía su fe. Si Daniel en verdad estaba muerto, entonces quería decir que su padre tenía autoridad tribal y legal sobre el cuerpo. Sin embargo, si Daniel solo estaba dormido, Nneka, como su esposa, tenía la máxima autoridad. Espiritualmente, su cuerpo le pertenecía a ella, y no a su padre, el predicador/curandero.

LA FE DE NNEKA

8

LA FE DE NNEKA

Desde el momento en que el Sr. Ikugpe se levantó de la cama el domingo en la mañana, no pudo encontrar ni un solo instante de paz. Nneka ya estaba preparada y esperándole. Durante la noche, ella se había convencido de que Dios le estaba revelando su dirección. Comenzó a exponer su caso, y no se rendiría.

Ella le dijo que debería prestar atención a las señales que decían que Dios iba a resucitar a Daniel de la muerte en la Catedral de Gracia: primero, Dios se lo había prometido. Después, Él había impedido que el cuerpo de Daniel fuera embalsamado. Luego, el Sr. Manu había oído un coro angelical cantando en el tanatorio y había visto el rostro de Daniel brillando con luz. Finalmente, Daniel se le había aparecido en un sueño, diciéndole que no estaba muerto y que quería que le llevaran a la Catedral de Gracia a la reunión de Reinhard Bonnke. Ella insistía en que su sueño había sido real, y que no era ninguna casualidad que yo estuviese predicando en Onitsha ese día. Era parte del plan de Dios, una cita divina. Ellos solamente tenían que llevar allí a Daniel.

El Sr. Ikugpe cada vez se convencía más de que Nneka había perdido el juicio debido al dolor, y que no podía confiar en ella. En su mente, lo único que podía hacerle recuperar el juicio era ver a Daniel en un ataúd y enterrado en la tierra. Secretamente, en las primeras horas de la mañana, él había enviado a uno de los hermanastros de Daniel al tanatorio con dinero suficiente para comprar un ataúd. Decidió que le enterrarían inmediatamente después de embalsamarle en el tanatorio de la Clínica St. Eunice en Owerri. Esperaba que eso hiciera volver a Nneka de nuevo a la realidad. Le dijo que llevase un traje blanco de Daniel para enterrarle, y también insistió en que llevara a su hijo mayor al tanatorio. Esperaba que así ella pudiera morderse la lengua para no decepcionarle.

Su plan no funcionó.

El largo viaje hasta el tanatorio le dio una oportunidad más a Nneka para afianzar su postura, cosa que hizo, a pesar del hecho de que su hijo lo oyera todo. Cuando el Sr. Ikugpe mantuvo su postura, ella comenzó a llorar y a rogarle más fervientemente. Él nunca se había enfrentado a tal resistencia en su liderazgo, y comenzó a temer que nada le hiciera recuperar el juicio. La infatigable insistencia de ella comenzó a sacudir su sensación de estar en control de la situación.

Cuando llegaron al tanatorio, finalmente accedió a dejar que llevaran el cuerpo a la Catedral de Gracia antes de embalsamarlo, pensando que eso daría al traste con su idea de la resurrección. Dado el comportamiento que ella había mostrado, él temía que si no daba ese paso, nunca vería el fin de este asunto mientras viviera; porque si Daniel estaba muerto, él estaba destinado a llevar a Nneka a vivir bajo su techo durante el resto de sus días.

EL RUGIDO DE UNA LEONA

La ambulancia les esperaba en el tanatorio. Nneka informó al Sr. Manu que se llevarían el cuerpo de Daniel a la Catedral de Gracia para orar, y que si no resucitaba de la muerte, regresarían a Owerri para embalsamar y enterrar el cuerpo.

El Sr. Manu pareció descontento con el plan. Se apartó un momento con el Sr. Ikugpe y le explicó que si las autoridades les sorprendían transportando un cadáver que llevaba tanto tiempo sin ser embalsamado, les arrestarían por diversos delitos, como abuso de un cadáver, o incluso sospecharían de asesinato. A veces, la policía arrestaba a las personas solo bajo sospecha y les retenían como soborno, y no les ponían en libertad hasta no recibir una fianza. El Sr. Manu no quería dar una oportunidad así a la policía. Para evitar las acusaciones de secuestro, él les sugirió que transportasen a Daniel con su mortaja dentro del ataúd. El Sr. Ikugpe le aseguró que le enterrarían en el ataúd que habían comprado; por lo tanto, transportarle dentro del mismo no sería ningún problema. Nneka entendió su postura y accedió a ello.

El Sr. Ikugpe le dejó claro a Nneka que toda esa situación le ofendía profundamente, y eso sin mencionar la violación de sus obligaciones tribales. También le dijo que la responsabilidad de la situación estaba únicamente sobre los hombros de ella. Por lo tanto, le hizo prometer que si Daniel no resucitaba de la muerte en la Catedral de Gracia, ella pagaría todo el costo del entierro.

Nneka accedió de inmediato. En su corazón, nunca esperaba pagar ni una sola naira.

El cuerpo de Daniel Ekechukwu en su ataúd.

A esas alturas, el cadáver estaba muy rígido y era difícil vestirle. Sus brazos y su vientre estaban tan rígidos que no eran capaces de ponerle la camisa. El Sr. Manu cortó la espalda de la camisa con tijeras y desabrochó la parte delantera, formando así dos piezas. Le metió la mitad por un brazo, la otra mitad por el otro brazo, y volvió a abrochar el frente. Después remetió la parte trasera debajo del cuerpo. Desde el frente, todo parecía en orden y pulcro.

El Sr. Manu preguntó si podía acompañarles a la Catedral de Gracia, ahora que habían decidido ir. Él había sido testigo del extraño fenómeno sucedido con el cuerpo de Daniel. También había estado presente en el ritual de la Biblia y el vudú del Sr. Ikugpe, el cual había fallado. Como animista que era, tenía curiosidad por ver qué ocurriría a continuación. Si Nneka había recibido algún tipo de plan que resultaría en la resurrección de Daniel, no se lo quería perder. Se ofreció a seguir a la ambulancia en su automóvil. El Sr. Ikugpe accedió, y después sugirió que él llevase también a Nneka y a su hijo.

En lo secreto, Nneka juró que no aceptaría esa idea. No se fiaba de que ninguno de esos dos hombres prosiguiera con su plan. Pero no discutió, sabiendo que no aceptarían de buena gana su negativa. Una vez que metieron el ataúd de Daniel en la ambulancia, tomó a su hijo del brazo y corrió a subirse en el asiento del acompañante de la ambulancia. El hermanastro de Daniel y el conductor le bloquearon la entrada, tomándola por los brazos, e intentaron escoltarles hasta el vehículo del Sr. Manu, pero ella se giró hacia ellos y luchó con la fiereza de una leona.

"¡*No* me separaré de mi esposo!", gritaba. "¿Lo entienden?".

Ninguno dudó de su resolución, y decidieron no seguir presionando. Ella se subió a la ambulancia con su hijo, mientras que el Sr. Manu y el Sr. Ikugpe entraron en el automóvil que les seguiría detrás. Así, comenzó la caravana su viaje de unos cien kilómetros hasta la Catedral de Gracia en Onitsha.

UN VIAJE MARCHA ATRÁS

A medida que avanzaban en su viaje y se acercaban a Onitsha, Nneka no podía dejar de acordarse del viaje desgarrador que había realizado tan solo cuarenta y ocho horas antes. Había firmado el que su marido saliera del Hospital Sr. Charles Borromeo porque él le había pedido que le llevara al Hospital Umezuruike en Owerri para recibir un cuidado mejor. El hospital le había hecho firmar un documento para absolver al equipo médico de toda responsabilidad. Se acordaba de la terrible ansiedad que había soportado durante el viaje, un viaje que había tenido como resultado la muerte de su esposo.

Ahora regresaba por el mismo camino en dirección contraria. Pero esta vez, se movía como respuesta a otra petición que su marido le había hecho, en un sueño. Esta vez no sentía ansiedad, sino la certeza de estar haciendo lo que Dios le había encomendado. Las circunstancias no le tumbarían. Este viaje daría como resultado la vida, y no la muerte.

La caravana llegó a la Catedral de Gracia cerca del mediodía. Nneka podía oír mi voz proyectada por los altavoces. Yo estaba en medio de mi sermón acerca del río de Dios, exhortando a la multitud a nadar en la plena corriente del Espíritu Santo, permitiéndole que les llevara a nuevos destinos en Cristo. En su mente, Nneka se veía conduciendo la ambulancia hasta la entrada principal, llevando el ataúd al frente y llamándome para que impusiera mis manos sobre su esposo y le resucitara. Poco se imaginaba ella que un buen número de miembros de la seguridad del gobierno tenían una idea muy distinta.

Guardias armados detuvieron la ambulancia antes de que entrara incluso en la zona de estacionamientos. Los oficiales se acercaron a cada ventanilla. El hombre en la ventanilla del conductor preguntó cuál era el motivo de su visita. Nneka comenzó a contarle la historia, sintiendo ya la desesperación ahora que estaba tan cerca, pudiendo oír incluso mi voz pero incapaz de continuar. Los oficiales abrieron con brusquedad las puertas por ambos lados del vehículo y les ordenaron salir a ella y al conductor. Ellos tuvieron aún menos respeto por su historia que incluso el Sr. Ikugpe o el Sr. Manu. Detrás de ella, pudo ver a los otros dos hombres con oficiales en ambas ventanillas del vehículo. Nada estaba saliendo conforme a su plan.

El primer oficial usó su radio para llamar pidiendo refuerzos. Enseguida acudió un gran grupo de soldados corriendo desde la parte alta del estacionamiento. A la cabeza estaba el jefe de seguridad musulmán, que llevaba lentes de sol. Llegaron con rifles apuntando a Nneka y al conductor, tomando posiciones estratégicas alrededor de ambos vehículos en caso de que surgieran problemas. Ella siguió contando su historia, sin entender las medidas extra de seguridad que se habían montado como consecuencia de mi visita. Ella no podía ver lo estrafalaria que sonaba su historia para un observador objetivo bajo las circunstancias. Para las fuerzas de seguridad, ella les sonaba a un complot desesperado para matarme con una bomba.

"¡Mi esposo es un hombre de Dios!", gritó. "Tuvo un accidente de tráfico, y Bonnke orará, y él resucitará".

El jefe de seguridad miró a su teniente y dijo: "Cállala".

AZOTANDO A LA LEONA

Los oficiales comenzaron a sacudir con dureza a Nneka diciéndole que se callase, pero ella no se detuvo. Repetía su súplica una y otra vez. Entonces ellos comenzaron a golpearle con porras, con cuidado de no desfigurar su cara. Le golpearon en sus brazos, piernas y torso, por delante y por detrás, insultándole y riéndose de su estupidez. Enseguida cayó al suelo, donde le patearon sin piedad. Su hijo comenzó a llorar de miedo. La conmoción subió tanto de volumen que yo podía oírla desde dentro del edificio mientras predicaba en la plataforma. Pero, como dije, estoy acostumbrado a los disturbios cuando predico en África. Yo continué enfocado en mi sermón.

Al mismo tiempo, un grupo de personas se juntaron alrededor de Nneka, ya que a la mayoría de ellos no les permitieron entrar al edificio porque ya no había espacio para más personas. También entre ellos había algunos ancianos de la iglesia que estaban sirviendo como ayudantes de estacionamiento. Vieron al jefe de seguridad sacando el ataúd de la parte de atrás de la ambulancia y quitando la tapa. Uno de los ancianos, al oír lo que Nneka había dicho, regresó corriendo a la iglesia para pedir ayuda.

Mientras tanto, el jefe de seguridad ordenó que algunos de sus hombres sacaran el cuerpo del ataúd y lo inspeccionaran, de abajo a arriba. Levantaron el cuerpo de Daniel y lo pusieron encima de la tapa del ataúd que estaba dada la vuelta. La camisa, como la habían cortado y remetido bajo el cuerpo, se abrió del todo. La quitaron e inspeccionaron el cuerpo exhaustivamente. Mientras lo hacían, otros revisaban el ataúd, dándole la vuelta para ver si contenía algún tipo de material explosivo. Rasgaron el lino satinado para inspeccionar la madera por si tenía compartimentos ocultos.

El jefe de seguridad agarró los dos algodones que salían de los orificios nasales de Daniel y tiró de ellos. Con su linterna, miró dentro de la nariz para ver si la habían rellenado de explosivos. Usaron un kit portátil de detección de explosivos para comprobar cualquier cosa que pareciese sospechosa. Finalmente, cuando terminaron la inspección, el jefe de seguridad parecía desconcertado. No había explosivos, ni en los vehículos ni en el cuerpo. Nada tenía sentido para él ahora salvo la explicación de Nneka, así que se acercó a ella y le pidió que le volviera a contar su historia.

Ella estaba dolorida por la paliza, pero se las arregló para volver a ponerse de pie. "Mi esposo es un hombre de Dios", repitió. "Tuvo un accidente de tráfico y murió, pero Dios me ha dicho que si le llevo con Bonnke, resucitará de la muerte".

Los oficiales de seguridad comenzaron de nuevo a burlarse de ella y volvieron a darle una ronda de golpes con sus porras. Pero esta vez, ella no sería derrotada. Siguió gritándole al jefe de seguridad: "¡Le estoy diciendo la verdad! No se interponga en el camino de Dios. ¡Lleve a mi esposo a la iglesia!".

El Sr. Manu y el Sr. Ikugpe habían permanecido cerca del vehículo del Sr. Manu. Fueron cacheados, mientras que revisaban el vehículo. Los dos hombres no hicieron intento alguno de ir a ayudar a Nneka. Les explicaron a los oficiales que Nneka era una viuda llena de dolor, y que solo le estaban siguiendo la corriente. Ella era la única que insistía en que el cadáver resucitaría de la muerte en la iglesia. A su parecer, había atraído esa humillación sobre sí misma, y ellos habían intentado impedírselo. Ambos creían que Nneka había llegado al fin de su viaje de locura y que ahora les enviarían a casa para enterrar a Daniel.

BENDITA INTERVENCIÓN

Pero algo ocurrió que cambió por completo el rumbo de la situación. El anciano que había ido corriendo a la iglesia regresaba ahora con el hijo del Pastor Paul. Este hombre estaba encargado de la seguridad de la iglesia, y le conocía muy bien el jefe de seguridad. Cuando conoció la identidad del cadáver, el pastor de la iglesia evangélica Power Chapel, cuya reputación conocía, pidió hablar con Nneka y le guiaron hasta donde estaba ella. Hablando en un tono amable, le pidió que repitiese la historia. Ella lo hizo. Cuando Nneka le rogó que me dejara imponer mis manos sobre él y orar para que le resucitase de la muerte, él le dijo que eso sería imposible.

Sin embargo, mientras le escuchaba, pudo sentir su sinceridad, y no quiso interponerse en el proceso de Dios si Él había decidido hacer algo milagroso. Pidió que volvieran a meter el ataúd en la ambulancia y lo llevaran donde no se pudiera ver. Sintió que si permanecía a la vista de todos, sería una imagen desagradable para los niños que estaban siendo cuidados en la zona de la guardería. Después sugirió que lo mejor que podían hacer sería llevar el cuerpo de Daniel a la entrada del sótano con salida a la calle en la parte trasera del edificio. Podían llevarle a un espacio vacío sin ser molestia para el servicio de dedicación en el auditorio principal.

Ese pareció ser un enfoque sabio y fraternal, dadas las circunstancias, una solución que liberaría a Nneka de su carga y también haría que la multitud reunida en la Catedral de Gracia no se distrajese al tener un cadáver a plena vista de todos. Sinceramente no sé qué habría hecho si le hubieran permitido a Nneka interrumpir mi sermón y llevar a Daniel al frente. La naturaleza sensacional de tal momento seguramente habría dejado cautivo todo el evento. Creo que yo habría escuchado al Espíritu Santo, y hubiera obedecido su instrucción, cualquiera que hubiera sido. Así es como quiero actuar en todas las situaciones. Pero nunca lo sabremos.

En ese momento, yo estaba predicando bajo la unción del Espíritu Santo, y era consciente de muchos momentos poderosos de ministerio entre las más de 10.000 personas que se habían reunido allí. Cada una de esas preciosas almas tenía la misma importancia que la situación de Nneka. Como evangelista que soy, sentía una obligación hacia ellos. Por eso no permití que el gran alboroto que se produjo en el estacionamiento interrumpiera mi sermón.

EL ALIENTO DE VIDA

Según la sugerencia del hijo del Pastor Paul, un grupo de ancianos y oficiales de seguridad llevaron el cuerpo de Daniel a la entrada del sótano a espaldas de la Catedral. Una vez dentro, pusieron dos tablones estrechos juntos y le situaron sobre su espalda encima de ellos. La camisa que Daniel llevaba en el ataúd estaba rota y resultó difícil mantenerla en su lugar, así que sencillamente la dejaron a un lado. Dos miembros del personal de la iglesia comenzaron a guiar a los demás en oración por Daniel.

En ese momento, alguien con una cámara de video había comenzado a filmar. En el rodaje sin editar, se puede ver a Nneka sentada tranquilamente al fondo. Había sufrido mucho a esas alturas, y no cabe duda de que pensó que su misión estaba cumplida. Había obedecido las instrucciones que había recibido de su esposo en el sueño. Podía oír mi voz predicando en el auditorio que estaba encima. La unción para resucitar a los muertos estaba presente en el edificio. Ella había tocado el borde del manto del Señor, por así decirlo. Lo único que no había logrado era hacer que yo impusiera mis manos sobre Daniel. Tampoco había podido hacerme llegar el mensaje para que orase por este predicador muerto en el sótano, cuya esposa creía que resucitaría de la muerte. En el video, ella está sentada con su hijo, el Sr. Ikugpe y el Sr. Manu, mientras que los miembros del equipo ministerial de la iglesia oran por el cuerpo de Daniel.

En algún momento cerca del final de mi sermón, algo comenzó a sucederle a Daniel. Las videocámaras lo captaron. Su diafragma comenzó a moverse ligeramente, metiendo aire en sus pulmones y sacándolo. Dentro, y fuera; dentro, y fuera. Al verlo, comenzó a producirse el alboroto en el sótano, y se extendió a las áreas de alrededor. Enseguida, personas comenzaron a subir por las escaleras para contarles a los demás lo que estaba ocurriendo en el sótano.

"¡Está respirando! ¡Está respirando!", gritaban.

El jefe de seguridad musulmán se dirigió al sótano y se abrió paso entre el gentío, llegando hasta la mesa donde estaba Daniel. Se quitó los lentes y se inclinó para ver de cerca el torso desnudo de Daniel. Vio el movimiento de su diafragma; situó su dedo debajo de la nariz de Daniel y sintió el movimiento del aire a través de los orificios que hacía poco tiempo habían estado taponados con algodón. Con los ojos abiertos de asombro, dio un paso atrás y se volvió a poner sus lentes de sol. Asintiendo con su cabeza a Nneka, salió de la sala hacia el convoy de seguridad que estaba esperando para escoltarme hacia el avión fletado en el aeropuerto de Onitsha.

Creo que es una ironía divina que eso ocurriera en el momento aproximado en el que Daniel había planeado dejar a Nneka en la casa de su padre para comenzar su destierro de un año. En vez de concederle éxito en castigar a su esposa, Dios usó a esta increíble mujer para llevarle a la Catedral de Gracia y de nuevo a la vida. ¡Aleluya!

Como este milagro ha recibido una publicidad mundial, muchos me han pedido que recorra el mundo para orar por cuerpos muertos. Mi respuesta es que yo soy evangelista. Mi llamado es a predicar el evangelio a los muertos vivientes y dejar que el Espíritu Santo dé nueva vida a quienes respondan. Casualmente, el Pastor Paul me dijo después que, de haber sabido lo que Dios tenía planeado hacer por Nneka y Daniel ese día, hubiera abierto las puertas principales de par en par y permitido llevar el ataúd al santuario ¡para que todo el mundo lo viera! Eso es visión perfecta retrospectivamente para todos nosotros. Pero Dios, en su sabiduría, tenía otros planes.

Todo lleva las huellas del Todopoderoso, creo yo. Su Hijo nació en un pobre pesebre, escoltado por ángeles que cantaron a los pastores en la noche, no a reyes o líderes religiosos. ¿Por qué no iba a escoger Él resucitar a Daniel Ekechukwu en la puerta trasera de la Catedral de Gracia de una forma que nos dejara a los "peces gordos" al margen? El apóstol Pablo dijo: *"Sino que lo necio del mundo escogió Dios, para avergonzar a los sabios; y lo débil del mundo escogió Dios, para avergonzar a lo fuerte"* (1 Corintios 1:27). En el evangelio de Lucas encontramos a Jesús de repente mirando hacia el cielo y gritando con gran gozo: *"Yo te alabo, oh Padre, Señor del cielo y de la tierra, porque escondiste estas cosas de los sabios y entendidos, y las has revelado a los niños"* (Lucas 10:21).

Sí, creo que este inusual camino hacia la resurrección lleva impresas las huellas de Él.

RESURRECCIÓN

9

RESURRECCIÓN

Cómo es una resurrección? ¿Tiene usted una imagen en particular? ¿Una fórmula? ¿Una idea prescrita de cómo Dios debería hacerlo?

Quizá no haya dos resurrecciones iguales. Elías se tumbó sobre el hijo muerto de la viuda de Sarepta tres veces, pidiéndole a Dios que le resucitase, y resucitó en la tercera oración. (Véase 1 Reyes 17:21–22). Pusieron un cadáver sobre la tumba de Elías el profeta y revivió en cuanto entró en contacto con sus huesos. (Véase 2 Reyes 13:21). Jesús resucitó a la hija de Jairo tomándola de la mano. (Véase Mateo 9:25; Marcos 5:41; Lucas 8:54). Resucitó a Lázaro llamándole a salir de la tumba. (Véase Juan 11:43). Un ángel descendió del cielo e hizo rodar la piedra del sepulcro de Jesús, y quienes lo vieron cayeron inconscientes. (Véase Mateo 28:2–4).

En esa misma noche, vieron a santos del Antiguo Testamento salir de sus tumbas en Jerusalén y hablar a personas en las calles. (Véase Mateo 27:52–53). Pedro se arrodilló ante la cama de Tabita (también llamada Dorcas), que había muerto, y la resucitó. (Véase Hechos 9:40). El apóstol Pablo enseñó que los muertos en Cristo un día resucitarán de sus tumbas para encontrarse con el Señor en el aire. (Véase 1 Tesalonicenses 4:15–17). Finalmente, mientras el apóstol Pablo predicaba un sermón que duró toda la noche, un muchacho llamado Eutico se cayó de una ventana desde un tercer piso y murió. Pablo se tumbó encima de él, le abrazó y después se levantó y les dijo a todos que no se preocupasen; la vida del niño aún estaba en él. A la mañana siguiente, después de que Pablo hubiera desayunado y continuado con su viaje, Eutico fue llevado de nuevo al lugar de reunión y se presentó vivo y en buen estado. Aparentemente tardó un poco esa resurrección hasta manifestarse por completo. (Véase Hechos 20:9–12). Lo mismo ocurrió en el caso de Daniel Ekechukwu.

RÍGIDO COMO EL HIERRO

En el caso de Daniel, la recuperación completa tardó varios días. El proceso parecía lento e incierto, al principio. Después de irme hacia el aeropuerto, el Pastor Paul se dirigió a la multitud de personas que se habían quedado en la Catedral de Gracia. Anunció que, durante el servicio, habían llevado el cuerpo sin vida de un hombre a la iglesia y lo habían puesto en una mesa en el sótano, y que ahora estaba respirando. Mientras él hablaba desde la plataforma, el Sr. Ikugpe entró en el santuario a través de una puerta lateral y le interrumpió. Levantó su bastón, y con su voz patriarcal dijo: "Yo soy su padre. Es cierto que ahora respira. Pero aún está rígido como el hierro. Lleva muerto desde el viernes y ha estado en un tanatorio".

En ese momento, todo el equipo pastoral fue requerido en el sótano. Se reunieron en torno a la mesa y comenzaron a orar. Los oficiales de seguridad que quedaban desalojaron la sala y se quedaron cerca, controlando la entrada y la salida de los curiosos. Fuera, una gran multitud se había reunido alrededor de la ambulancia. Dentro de ella, podían ver la tapa de un ataúd y las dos tiras de algodón que habían estado dentro de los orificios nasales de Daniel. Muchos de ellos hacían fotografías por las ventanillas mientras escuchaban la historia que los ayudantes del estacionamiento contaban asombrados.

Dentro de la iglesia, Daniel seguía respirando. Un pastor que había impuesto manos sobre el frío cadáver nada más llegar, ahora ponía las manos sobre su pecho y anunciaba que el calor estaba regresando al torso. Después de un rato, el pastor asistente guió al grupo en un himno de alabanza y adoración a Dios. Durante un par de horas, alternaron la oración y el canto.

DOS REINOS

Mientras contemplaba sentado cómo se desarrollaban los hechos, el Sr. Manu debió de recordar el canto que oyó en el tanatorio el viernes en la noche. El Sr. Ikugpe también había regresado a la sala para ver y escuchar. Lo que vieron fue cristianos en acción, no animistas, y estos hombres comenzaron a entender el hecho de que existían dos reinos espirituales, y que estos reinos operaban de maneras muy distintas. Uno conllevaba rituales, fetiches, sacrificios de sangre, encantamientos y golpear un cadáver con una Biblia siete veces, solo para dar como resultado muerte y oscuridad. Allí, estaban experimentando otro reino espiritual, uno que producía luz y vida y canto.

Nneka estaba sentada calladamente junto a ellos, con su hijo apoyado contra sus rodillas. Todas sus acaloradas discusiones habían terminado. Todo su llanto, esfuerzo y lucha por ver su sueño cumplido habían cesado. Había sido golpeada para ahora poder sentarse y presenciar ese momento. Había sido rechazada, tachada de loca, y abandonada por todos los que debían haberle apoyado, incluyendo el esposo que ahora respiraba sobre la mesa.

No necesitó pronunciar ninguna palabra para hacer sentir vergüenza y humillación a los dos hombres que había a su lado en el banco. Estaba claro que el Sr. Ikugpe ya no estaba al mando. El Sr. Manu no estaba en su elemento. Daniel estaba respirando, y ella simplemente esperaba recibir la plena manifestación de su promesa de Dios. No tenía duda de que estaba a punto de convertirse en una de las mujeres mencionadas en el libro de Hebreos que habían recibido sus muertos mediante resurrección.

Habían pasado ya varias horas cuando la atmósfera en el sótano comenzó a ser opresiva. Varias personas dieron sus razones especiales para entrar, y uno a uno, se les permitía entrar. En el calor del sol de la tarde, la habitación se llenó de aire viejo. Los miembros de la plantilla hacían turnos para abanicar el cuerpo de Daniel para que no se sobrecalentase.

Después, observaron un rápido movimiento de ojos detrás de sus párpados cerrados. Un pastor asistente sugirió que comenzaran a masajear el cuerpo. Como el corazón ahora latía, sintieron que el rigor mortis quizá respondería a sus esfuerzos. Al principio se concentraron en sus manos y dedos, los cuales, como he dicho, habían sido inyectados con un fluido para embalsamar; como resultado, estaban muy rígidos. Un pastor tomó sus manos y comenzó a masajearlas una a una mientras oraban y cantaban. Luego subieron hacia el brazo, frotándolo para ayudar a la circulación. Las manos de Daniel comenzaron a ablandarse y relajarse cada vez más. Animados por este progreso, un pastor comenzó a frotar su cuello. Tras varios minutos realizando este proceso, uno de los pastores puso su mano en la frente de Daniel y comenzó a mover su cabeza delicadamente de lado a lado. Este procedimiento se grabó con una videocámara. La rigidez del cuerpo que el Sr. Ikugpe había descrito a la congregación, poco a poco iba ganando flexibilidad.

DESPIERTO AL FIN

Esto continuó hasta muy entrada la tarde. La gente comenzó a sentarse y mantener conversaciones alrededor de la sala mientras el cuerpo de Daniel progresaba en su retorno a la vida. De repente, Daniel estornudó y se incorporó en la mesa. El lugar explotó con gritos y alabanzas a Dios. Las personas lloraban, reían, y casi caían en el histerismo. Nneka solamente sonreía y asentía. Eso era lo que ella había esperado. Los ojos de Daniel se abrieron, y comenzó a mirar alrededor confundido. Uno de los pastores se apresuró hacia él y le abrazó fuertemente, pero no podía hablar. Su hijo mayor, que había presenciado los acontecimientos de todo el día, corrió hacia él.

"¡Papá! ¡Papá!", gritaba.

Pero Daniel no mostraba emoción alguna, ningún tipo de reconocimiento. Nneka se acercó y consoló al niño.

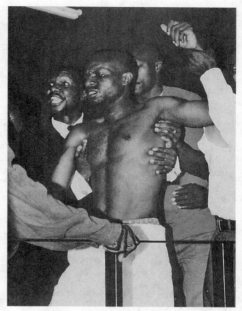

El equipo pastoral ayudó a Daniel desde la mesa poniéndole de pie junto a la misma. Estaba bastante inestable de pie. Al igual que los dedos de sus manos, los de sus pies estaban aún encogidos por las inyecciones que le había administrado el Sr. Manu. Uno de los pastores sugirió llevarle a una de las oficinas de arriba en la que había un ventilador de techo. En su entusiasmo, comenzaron a ayudar a Daniel llevándole hacia las escaleras.

Daniel Ekechukwu recibe ayuda después de haber sido resucitado de la muerte.

En ese instante, pronunció su primera palabra. "Agua", dijo.

El desfile se detuvo, y buscaron en toda la habitación para conseguir una botella de agua.

"¿Dónde está mi cuaderno?", preguntó Daniel. "Mi cuaderno... mi cuaderno".

Alguien le entregó al pastor una botella de agua, y mientras todos observaban, él ayudó a Daniel a beber de la misma. El líquido parecía revivir sus sentidos aún más. El grupo siguió ayudándole a subir las escaleras, como si fuera un niño pequeño que está aprendiendo a caminar. Cuando llegaron a la oficina, le sentaron en una silla debajo del ventilador de techo. Enseguida, la habitación se llenó de gente que se agolpaba para observar.

"Mi cuaderno", volvió a decir Daniel, aparentemente desconcertado por el cambio de lugar. "¿Dónde está mi cuaderno?".

En la multitud estaban los miembros del equipo de trabajo de la iglesia y sus cónyuges. El ambiente era un tanto sofocante, como había ocurrido en el sótano. Sugirieron llevarle al auditorio, porque se estaba un poco más fresquito, y la circulación del aire era mejor allí. Cuando llegaron al santuario, le llevaron a la zona de la plataforma con alfombra y le sentaron en una de las sillas acolchadas con brazos en las que yo me había sentado previamente para predicar ese día. Las imágenes del video de ese momento muestran que Daniel estaba comenzando a ser más consciente de su entorno pero aún parecía algo confundido, como si lentamente estuviera saliendo de un largo coma.

Nneka Ekechukwu
consuela a su esposo, Daniel.

Un hombre había acudido para observar el milagro con su esposa lisiada. Cuando ella vio vivo a Daniel, arrojó sus muletas y comenzó a correr alrededor del santuario. Su esposo alzó sus manos al cielo y gritó: "Soy un pecador. Me arrepiento. Dios, por favor perdóname mis pecados".

Sentada junto a Daniel, Nneka comenzó a preguntarle cómo se sentía. Ella recordaba las fatales heridas internas que él había sufrido. Tras el accidente, le costaba mucho respirar. Ella comprobó para ver si respiraba con normalidad. Le hizo abrir su boca y vio que su lengua se había vuelto negra. Pero a medida que seguía bebiendo agua y respirando oxígeno, comenzó a adoptar un color más normal. Las peores heridas que había sufrido fueron cuando el eje del volante de su automóvil había impactado contra su pecho. Ese tipo de impacto a menudo es suficiente para matar a un hombre en el acto. A menudo hace que el corazón deje de latir. Es un impacto letal que incluso se ha incorporado en la instrucción de ciertas artes marciales.

"¿Tienes dolor?", le preguntó ella.

"Sí", respondió.

"¿Te duele donde te golpeó el volante?". Ella estiró su mano y tocó su torso desnudo.

"No", dijo. "Me duele donde esos hombres me dieron masajes. El cuello y los brazos".

Nneka estaba sorprendida. No solo había resucitado de la muerte; además había sido sanado de sus heridas, así que ahora sufría solo de la molestia de los músculos doloridos.

Ya entrada la noche, aunque Daniel aún parecía mareado y confundido, comenzó a reconocer a los miembros de su familia. Le preguntó a Nneka qué significaba todo, y ella le dijo que esperase a llegar a casa, y entonces se lo podría explicar todo.

Con la caída de la noche, el Pastor Paul y su esposa llegaron a verle. Le dieron a Daniel una camisa para que se la pusiera. Él les reconoció, pero no estaba preparado aún para comunicarse fácilmente. Nneka le dijo al Pastor Paul que Daniel había muerto en un accidente de tráfico el viernes y había sido parcialmente embalsamado en un tanatorio hasta esa misma mañana. El pastor les invitó a regresar a su casa al día siguiente, si era posible. Les dijo que yo había ordenado que un equipo de cámaras de Christ for all Nations fuese a Onitsha para grabar toda la historia de la resurrección. El equipo llegaría a casa del pastor y querrían comenzar a filmar de inmediato. Él quería ayudar como le fuera posible.

El Pastor Paul les ofreció a Nneka y Daniel llevarles a casa esa noche, y también dijo que enviaría un automóvil al día siguiente para llevarles a su residencia. Ellos aceptaron. Despidieron a la ambulancia para que regresara el ataúd al tanatorio del Hospital General de Ikeduru, donde el Sr. Manu lo reclamaría y lo repondría en su inventario. El Sr. Ikugpe regresó a Amaimo en el automóvil del Sr. Manu. Ambos animistas tenían mucho de que hablar en un viaje de unos cien kilómetros.

DE NUEVO EN CASA

Al fin de vuelta en casa, Nneka se preguntaba si las cosas habrían cambiado entre ella y Daniel. El conflicto aún sin resolver seguía pendiendo como una oscura nube sobre su cabeza. ¿Sería desterrada durante un año por golpearle? Ella decidió esperar hasta que él estuviera listo para discutirlo.

Daniel podía caminar, aunque con dificultad. Se movía por la casa, tocando las cosas que le resultaban familiares. Con el paso de cada minuto, cada vez era más normal y capaz de mantener una conversación. Al fin, se detuvo para abrazar a su hijo mayor. La cara del niño dibujó una sonrisa mientras le abrazaba. Preguntó por su otro hijo, y Nneka la explicó que aún estaba en Amaimo, bajo el cuidado de su familia extensa. Tendrían que hacer planes para traerle a casa.

Nneka acostó a su hijo mayor y regresó a la sala principal. Daniel comenzó a hacerle preguntas.

"¿Por qué no tenía camisa delante de todas esas personas?".

"¿Te acuerdas del accidente, cariño?", preguntó Nneka.

"No lo tengo claro. Recuerdo un hospital y un viaje en ambulancia. Tú estabas ahí en la ambulancia. Dos ángeles iban con nosotros, pero no me permitían decirte que estaban allí. Luego me tomaron por los hombros y me levantaron de la ambulancia. Uno de ellos me enseñó el cielo y el infierno, y luego me envió de regreso. Vi a Reinhard Bonnke en la cima de una colina, y ambos nos caímos por un agujero. Me desperté con todas esas personas a mi alrededor, y no llevaba puesta una camisa".

"Te quitaron la camisa cuando te sacaron del ataúd".

"¿Ataúd?".

"Te llevamos a la iglesia en un ataúd. Te vestimos para tu entierro en el tanatorio, pero tuvieron que cortar la camisa en dos porque estabas muy rígido. ¿Sabías que estuviste en el tanatorio del Hospital General de Ikeduru desde el viernes?".

"No".

"Te sacamos de allí esta mañana para llevarte a la reunión de Bonnke".

"Me fui solamente durante quince minutos. No pasó mucho tiempo".

"Esposo mío, fueron tres días", le dijo ella.

Él se quedó callado durante mucho tiempo.

"Esposo, tuve un sueño mientras te habías ido", le explicó Nneka. "Viniste y me dijiste que no estabas muerto. Me dijiste que no te había gustado que te dejara en el tanatorio. También me pediste que llevara tu cuerpo a la reunión de Reinhard Bonnke en la Catedral de Gracia. ¿Recuerdas eso?".

Él escuchaba con atención, pero sacudió su cabeza. No se acordaba de nada de lo que ella le decía.

Nneka se entristeció al oír eso. El sueño había sido muy real para ella, y Daniel parecía recordar las cosas que había experimentado mientras estaba fuera de su cuerpo. ¿Por qué no recordaba el mensaje que le había dado en el sueño? Había sido precisamente lo que le había dirigido a ella a la reunión en la Catedral de Gracia. Lo había creído con tanta fuerza que se había resistido a cualquier otra voz y había soportado una feroz persecución. Pero aun así, se había equivocado al suponer que Reinhard Bonnke oraría por su esposo. De igual modo, había estado segura de que Daniel recordaría los detalles del sueño. Pero no era así.

"Tengo mucho hambre", dijo él. "¿Hay algo de comer?".

Con su petición de comida, la vida regresó a la normalidad. El papel de ella era ser la ayudadora de su esposo. Siempre había sido un privilegio para ella prepararle la comida. Le llevó a la cocina, después abrió la nevera y comenzó a seleccionar comida que sabía que a él le gustaba.

Daniel observó la abundancia de comida que había en el refrigerador. Se acordaba del orgullo que había sentido cuando compró ese electrodoméstico para su esposa. Era un artículo que pocas mujeres tenían en Onitsha, y había sido otra señal de su éxito como proveedor de su familia. Pero mientras Nneka preparaba su primera comida desde el viernes, él vio el refrigerador de una forma nueva.

Él se sentó a la mesa. "Esposa", dijo.

Ella se giró para mirarle.

"Por favor, ven y siéntate", dijo.

"Pero estoy haciendo—".

"Solo un minuto. Por favor, ven y siéntate".

Ella salió de detrás de la encimera y se sentó enfrente de él en la mesa, observando su rostro detalladamente.

Él la miró como si tuviera un par de ojos nuevos. "Nneka, mi esposa, si alguna vez vuelves a necesitar que te perdone, a partir de este día, te prometo que será como la comida en el refrigerador. Tan solo ven y tómalo. La puerta estará siempre abierta".

No hace falta decir que la comida se demoró debido a una sesión de lágrimas y abrazos entre un esposo y una esposa muy contenta.

REPERCUSIONES

10

REPERCUSIONES

El día después de la resurrección de Daniel, él y Nneka visitaron el hogar del Pastor Paul NwaChukwu, como estaba planeado. Mientras contaban su historia a él y a su familia, Paul estaba sorprendido por el fuerte olor a formaldehído que aún emanaba del cuerpo de Daniel. Nneka levantó los pantalones de Daniel para que las cámaras pudieran captar las incisiones que le habían hecho para embalsamarle. De hecho, el olor químico permaneció en Daniel durante muchos días mientras las cámaras seguían a la pareja, volviendo a recorrer el camino que habían hecho hasta la Catedral de Gracia. Durante semanas después, Nneka llevó un trapo para que absorbiera los productos químicos que salían por la piel de Daniel con su sudor.

En el recinto familiar de Amaimo, los familiares de Daniel acudieron para ver al hermano que había estado muerto y que ahora vivía. Su padre no había podido dejar de hablar de la resurrección que había presenciado con sus propios ojos. Algunas de las esposas y hermanos y hermanas se desmayaron a los pies de Daniel cuando le vieron por primera vez después de su muerte. Al abrazarle, muchos se detenían y se tapaban la nariz por el fuerte olor a producto químico que desprendía.

Como Daniel cuenta hoy, él nunca tuvo que volver a predicar a su padre. El Sr. Ikugpe, patriarca del clan, literalmente se sentó a sus pies. Pidió conocer al Dios a quien servía su hijo, el verdadero Dios que le había resucitado de la muerte. Tras aceptar a Jesús como su Salvador, juntó todos sus fetiches, pociones y libros de brujería que tenía en su casa, y luego recogió astillas para hacer una hoguera en el centro del recinto familiar. Mientras todos cantaban himnos, él tiró esas obras de las tinieblas a las llamas. A la luz de ese fuego, amigos y familiares adoraban al único Dios celebrando una nueva vida.

En estas escenas, Nneka vio el cumplimiento de su promesa del libro de Isaías: "*Y vendrán a ti humillados los hijos de los que te afligieron, y a las pisadas de tus pies se encorvarán todos los que te escarnecían, y te llamarán Ciudad de Jehová, Sion del Santo de Israel*" (Isaías 60:14).

Tras la resurrección, el director pagano de la funeraria, el Sr. Manu, entregó su vida a Cristo. Finalmente fue a un instituto bíblico y se convirtió en evangelista. Ahora predica el evangelio en África y comparte la historia de la resurrección de Daniel dondequiera que va.

El Dr. Josse Anuebunwa, el doctor de la clínica St. Eunice, es un creyente católico. Nuestro equipo le filmó reuniéndose por primera vez con Daniel, solo días después de que hubiera escrito el certificado de defunción con su firma. Estaba sorprendido, y dijo que era impactante ver ahora vivo a un hombre al que él mismo había declarado muerto. "Toda la gloria sea para Dios", dijo.

BRUJAS EN VIENA

Poco después de que nuestro equipo terminase de filmar en Nigeria, me enviaron video clips para revisarlos. Pude ver que la historia era totalmente impactante, llena de muchos detalles que confirmaban la afirmación de la resurrección. A comienzos de 2002, yo tenía programada una Conferencia de Fuego en Viena, Austria, e invité a Daniel a venir conmigo y dar su testimonio. Fue absolutamente electrizante oír la historia de un hombre que había sido parcialmente embalsamado y había pasado casi tres días en un tanatorio. La multitud estaba fascinada.

Después, un hombre se acercó a Daniel con una petición especial. Preguntó si iría a hablar a otro evento que estaba teniendo lugar en Viena en esos días. Resultó ser que mientras nosotros estábamos teniendo nuestra reunión allí, en otra calle se estaba celebrando la feria anual de esoterismo. Eso quería decir que se habían reunido chamanes y curanderos de todo el mundo con muchas personas que están interesadas en la medicina alternativa. Durante varios días, exploraban la conexión entre el mundo físico y el espiritual. La noticia de la resurrección de Daniel Ekechukwu ya se había extendido a través de las redes de prácticas y creencias esotéricas. Por supuesto, se podría decir que eso fue mera coincidencia, pero yo prefiero llamarlo una cita divina.

Sabíamos que la feria esotérica estaría llena de personas que no sabían que había dos reinos espirituales en guerra entre sí. Los asistentes no tenían ni idea de que un reino había declarado victoria sobre el otro mediante la resurrección de Jesucristo. El hombre de la conferencia le dijo a Daniel que estarían dispuestos a cambiar su programa para poder escuchar a un hombre que había estado muerto tres días y que ahora estaba vivo. Daniel me pidió consejo acerca de esa invitación.

Bueno, yo soy evangelista. ¿Qué cree que le dije? "¡Claro, Daniel! Ve, y cuéntales tu historia. Después, predica el mensaje del evangelio y haz un llamado al altar, allí mismo en medio de la feria esotérica. Esto es una puerta de oportunidad para el evangelio".

Debo admitir que tuve sentimientos de celos. Cómo desearía que me hubieran pedido a mí predicar a esas personas. Pero les interesaba más la historia de la resurrección de Daniel. Naturalmente, querían oírle a él. Me costó mucho esperar cuál sería su respuesta.

Daniel fue y predicó. Cuando regresó a la Conferencia de Fuego, le llamé a la plataforma. Delante de nuestra audiencia, le pregunté qué era lo que había ocurrido. Dijo que había testificado, predicado y hecho un llamado al altar. Ochenta brujas y chamanes habían salido al frente para aceptar a Jesucristo como su Salvador. ¡Aleluya!

FE ASOMBROSA

Daniel Ekechukwu posa
con su certificado de defunción.

En el último servicio de nuestra reunión, Daniel me entregó su certificado de defunción. Dijo que quería que yo lo tuviera, para que siempre recordase lo que había sucedido en Onitsha. Le agradecí su generosidad, pero no me parecía bien recibir su regalo. Levanté el certificado y lo leí en voz alta ante la multitud. Después le dije a Daniel: "No, Daniel, este certificado de defunción no quedará bien en mi pared. Tú y Nneka deberían tenerlo en la pared de su casa. Es la prueba del poderoso milagro que el Señor ha hecho en tu vida, y un recordatorio de la asombrosa fe de Nneka para que ocurriera".

Después de la reunión, mandé enmarcar el certificado y se lo envié, no sin antes hacerle una foto: una foto que permanece en mi archivo hasta la fecha.

LA RECOMPENSA DE NNEKA

En los meses y años sucesivos, han invitado a Daniel a hablar de su resurrección en eventos por todo el mundo. Nneka ha viajado con él siempre que ha podido encontrar el cuidado apropiado para sus hijos, que ahora son cuatro. Dondequiera que habla, Daniel siempre le da a Nneka la oportunidad de compartir su lado de la historia. Él siempre ha hablado mucho del hecho de que su milagro de resurrección no habría ocurrido sin la fe y las acciones de su increíble esposa. Juntos, hablan de la necesidad de vivir en un estado continuo de perdón, de perdonar a otros, así como Dios nos ha perdonado a nosotros. La promesa que Nneka recibió de Dios en la visión donde ella ministraba junto a su esposo se ha cumplido.

Christ for all Nations produjo e hizo cientos de miles de copias del DVD documental, *Raised from the Dead*, el cual ha circulado por todo el mundo. A través de esta historia, más vidas han sido tocadas para la eternidad de lo que sabremos a este lado del cielo.

Recuerdo a un pastor de una mega-iglesia de los Estados Unidos que me llamó para decirme que había mostrado el video a su congregación. Al final del video, predicó un corto mensaje de salvación en el que invitó a la audiencia a recibir a Jesús como Salvador. Después de mi invitación, el pastor hizo un llamado al altar. "Nunca habíamos visto una respuesta así en todos nuestros años de ministerio", dijo. Ese pastor pidió después nueve mil copias del DVD para distribuirlas como herramienta de testimonio en su congregación.

Mi equipo de trabajo recibió una llamada de otro pastor estadounidense que había regresado de un viaje misionero a India cuando una azafata de vuelo le dijo que había sido hindú pero que se había convertido en creyente cristiana después de ver *Raised from the Dead*. Antes de encontrarse con esa mujer, este pastor nunca había oído hablar de Reinhard Bonnke ni de Christ for all Nations. Queriendo ser testigo por sí mismo de lo que había funcionado tan poderosamente en la vida de esa azafata de vuelo, después compró varias copias del DVD.

Oímos historias como estas una y otra vez, demasiado numerosas para contarlas, mientras seguimos distribuyendo el DVD por todo el mundo. Lo que pretendemos al contar este milagro es conseguir que la gente conozca a Jesucristo como Salvador. Estoy agradecido de haber podido desempeñar un pequeño papel para que todo esto ocurra.

EL CUADERNO DE DANIEL

11

EL CUADERNO DE DANIEL

Hasta ahora, hemos seguido un rastro de evidencia que se puede verificar y probar. De hecho, los elementos de este milagro se han probado de muchas formas. Muchos investigadores han investigado muchas veces a las personas y lugares involucrados en la muerte de Daniel, su embalsamiento y su resurrección de los muertos. Sus hallazgos componen una gran cantidad de evidencia que señala al hecho de que Daniel fue declarado muerto el 30 de noviembre de 2001 y resucitado a la vida el 2 de diciembre de 2001, en la Catedral de Gracia en Onitsha, Nigeria.

Sin embargo, cuando intentamos describir el viaje fuera del cuerpo de Daniel al cielo y el infierno, entramos en un tipo de territorio distinto. Las cosas que Daniel vio y oyó en esta parte de la historia no se pueden verificar. No podemos verificar los lugares que él visitó; no podemos hablar con el ángel que le guió allí. Los detalles que él describe están sujetos a la única percepción y recuerdo de su propia mente. Esto ocurre así para cualquiera que relate tales acontecimientos, y en cada caso, llega un momento en que la persona que ha visitado otra realidad dice: "No hay palabras para describirlo adecuadamente".

No obstante, creo que es asombroso destacar las muchas similitudes entre el relato de Daniel y los de otros que han intentado describir tales cosas. De hecho, tenemos descripciones similares narradas en la Biblia. Yo no dudo de que las personas que mueren, o están a punto de morir, a veces experimenten viajes fuera del cuerpo a otras dimensiones de la realidad, donde se encuentran con seres sobrenaturales que realmente existen.

EL VIAJE DE DANIEL

El momento en que la experiencia de Daniel se separó de la de Nneka fue durante el viaje en la ambulancia a Owerri. Cuando comenzó a morir, dice, miró hacia arriba y vio dos ángeles, seres de un blanco puro, dentro del vehículo, detrás de su esposa. Resplandecían y estaban vestidos de blanco. Sus vestiduras y su carne parecían ser de una sola sustancia. Uno de los ángeles puso su dedo en sus labios, como si le dijese a Daniel que no advirtiera a Nneka acerca de su presencia. Él tuvo la impresión de que si le hablaba de los ángeles, ella se alarmaría excesivamente. Así, Daniel comenzó a darle instrucciones acerca de cuidar a los niños y la iglesia cuando él se fuera. Se sentía feliz de estar muriéndose. Las sensaciones agradables que tenía con la experiencia hacían que le resultara fácil dejar atrás todo, y a todos.

Entonces los dos ángeles le tomaron de las manos y le levantaron de su cuerpo. Giraron y se pusieron por encima de la ambulancia con él, y podía ver claramente a través del techo. Veía y oía a Nneka orando desesperadamente sobre su cuerpo, diciendo: "¡No, no, no! Vivirás y no morirás, en el nombre de Jesús".

Se dio cuenta de que su cuerpo terrenal estaba ensangrentado y muy lastimado. Había un tubo de oxígeno en su nariz y una vía intravenosa en su brazo. Por el contrario, su cuerpo espiritual parecía estar en perfecto estado. Estaba feliz de haberse librado de su cuerpo viejo y familiar de allí abajo. Los dos ángeles le llevaron hasta un tercer ángel, el cual le dijo que había lugares que tenía que ver en el paraíso. El ángel le dio un cuaderno y un bolígrafo y le dijo que tomara notas de las cosas que viera.

Se movían sin esfuerzo alguno. El ángel tenía solo que pensar en un destino, y eran transportados a ese lugar. Primero, visitaron un lugar lleno de seres de un blanco resplandeciente y que se veían idénticos a los ángeles. Daniel preguntó si eso era una reunión de ángeles, pero el ángel le dijo que eran seres humanos que habían servido a Dios y habían guardado su fe enfocada en Cristo Jesús mientras estaban en la tierra. Los seres miraban hacia arriba y adoraban una luz que era demasiado brillante como para que Daniel pudiera mirarla. Cantaban, se postraban y alzaban sus manos en perfecta armonía. Él abrió su cuaderno y comenzó a tomar notas de los detalles que veía. Después hizo un esfuerzo por unirse a los adoradores, pero el ángel se lo impidió, diciéndole que había otras cosas que debía ver.

Después, el guía angelical llevó a Daniel a visitar las mansiones que Jesús mencionó en Juan 14:2: *"En la casa de mi Padre muchas moradas hay"*. Al principio, Daniel pensó que estaban hechas de cristal, pero una inspección más de cerca reveló que estaban hechas de algún tipo de oro. Los suelos parecían estar hechos de luz. Escribió febrilmente acerca de las diversas maravillas de aquellos edificios, pero le desconcertó el hecho de que estuvieran extrañamente callados y vacíos. El ángel le explicó que las moradas celestiales estaban listas, pero los santos de Dios no.

LAS PUERTAS DEL INFIERNO

A continuación, Daniel fue llevado hasta un gran pasaje abovedado con unas puertas enormes. Encima de este estaba escrito: "Bienvenido a la entrada del infierno". No vio bisagras ni pomos en las puertas. El ángel hizo una indicación con su brazo, y las puertas se abrieron con un rugido ensordecedor. Dentro, se encontró con un huracán de tormento. Vio un mar de humanidad retorciéndose de agonía. La piel de todas esas personas, sin importar su raza, parecía de una variedad de sombras del negro. Algunos estaban vestidos; otros estaban desnudos. Estaban gimiendo, rodando, gritando y rechinando sus dientes. Ellos le veían a él, pero no al ángel. Algunos gritaban pidiéndole ayuda, pero él era meramente un espectador, incapaz de hacer nada salvo tomar notas en su cuaderno.

Las personas parecían estar sufriendo por cosas que habían hecho en la tierra y que ahora les perseguían en el infierno. Un hombre llamó a Daniel por su nombre y le dijo que él también era un predicador de Nigeria, y que había robado dinero de la iglesia. Le prometió a Daniel que si le ayudaba a salir del infierno, devolvería gustoso todo lo robado. Daniel se acordó de Mateo 7:22–23: *"Muchos me dirán en aquel día: Señor, Señor, ¿no profetizamos en tu nombre... Y entonces les declararé: Nunca os conocí; apartaos de mí, hacedores de maldad"*. Daniel no vio fuego en el infierno, pero las personas atormentadas actuaban como si hubiera llamas de fuego dentro. Los horrores del lugar se escapaban a cualquier habilidad humana por describirlos.

ENVIADO DE REGRESO

Entonces el ángel le dijo que se le había concedido otra oportunidad: ser enviado de nuevo a la tierra. El ángel añadió que Daniel serviría como una última advertencia para esta generación. Entonces fue llevado al borde de un tipo de túnel negro que le llevó hacia abajo. Estornudó y se despertó en el sótano de la iglesia, oyendo mi voz a través de los altavoces de la Catedral de Gracia mientras predicaba a la audiencia que había en el santuario. Así terminó el viaje de Daniel a la vida después de la muerte.

Con estas descripciones de su experiencia fuera del cuerpo, podemos entender por qué Daniel comenzó a preguntar por su cuaderno inmediatamente después de recuperar la consciencia. Estaba angustiado de verse de repente sin él. Acababa de regresar de escribir los detalles del cielo y el infierno, según los había visto. Ahora, de repente se veía desnudo de cintura para arriba, tumbado en un sótano débilmente iluminado y lleno de gente. Le miraban embobadas personas que gritaban, oraban, reían y cantaban, y no estaba del todo seguro de si estaba en el cielo, en el infierno o en la tierra. No es de extrañar que estuviera confundido. Sin embargo, era muy consciente de que no tenía el cuaderno de notas que recientemente había escrito, y en su confusión, comenzó a preguntar por él. Muchos días después, Daniel cesó en su búsqueda del cuaderno. Llegó a creer que tal vez había sido tan solo un símbolo de los recuerdos que había reunido durante su viaje.

Todo lo que Daniel experimentó mientras estuvo fuera de su cuerpo terrenal le parecía más real que la realidad diaria de la vida en la tierra. Aunque su cuerpo terrenal había recibido sanidad, no tenía la misma libertad de movimientos que su cuerpo espiritual. Si tuviera que elegir entre las dos, dijo que escogería su existencia espiritual sin duda alguna. Del mismo modo que su cuerpo espiritual desapareció mientras volvía a entrar en su cuerpo terrenal, así también el cuaderno de información que había escrito en el cielo y el infierno había desaparecido. Se quedó atrás. Al igual que otros que han viajado tras el telón del otro lado de la vida, Daniel se quedó solamente con recuerdos imperfectos, intentando encontrar palabras que describan plenamente todo lo que había visto.

EL TERCER CIELO

Después de oír las limitadas descripciones de Daniel, creo que a todos nos gustaría tener su cuaderno, ¿no cree? Todos queremos saber más acerca de las cosas que él vio y escribió en el cielo y el infierno. Me acuerdo del apóstol Pablo, cuando habló de un hombre que fue llevado de la tierra al tercer cielo, cualquiera que este sea. (Véase 2 Corintios 12:2). Cada vez que leo este pasaje, me atrapa la curiosidad por saber cómo son el primero y el segundo cielo. ¿En qué se diferencian del tercer cielo? ¿Y cuántos cielos hay? Cómo anhelamos conocer estas cosas.

El apóstol siguió diciendo que no estaba seguro de si el hombre acerca del cual escribió estaba en el cuerpo o fuera del cuerpo, pero dijo que el hombre oyó cosas de las cuales no se le permitió hablar. (Véase 2 Corintios 12:3–4). Esta no es la respuesta que nuestra mente quiere oír.

Queremos saber exactamente qué fue lo que vio en el tercer cielo, así como queremos leer las notas exactas que tomó Daniel en su cuaderno celestial. Pero eso está fuera de nuestro alcance.

De nuevo, el apóstol Pablo, que recibió tantas elevadas revelaciones que se le dio un *"aguijón en* [la] *carne"* (2 Corintios 12:7) para mantenerse humilde, dijo: *"Porque en parte conocemos, y en parte profetizamos... Ahora vemos por espejo, oscuramente; mas entonces veremos cara a cara"* (1 Corintios 13:9, 12). Parece que cada detalle que Daniel contó acerca del cielo y el infierno nos ha dejado con más preguntas que no recibirán respuesta hasta el día en que veamos a nuestro Señor cara a cara. Y así como Daniel finalmente dejó de buscar su cuaderno, lo mismo ocurre con nosotros. Nuestro caminar es siempre *"porque por fe andamos, no por vista"* (2 Corintios 5:7).

VIENDO LO INVISIBLE

12

VIENDO LO INVISIBLE

A la luz de la resurrección de Daniel, sigue siendo la fe de Nneka lo que capta mi atención. Continúa inspirándome. Ella se puso en acción solo sobre la base de la voz de Dios en su corazón. Yo también sigo actuando sobre la base de la palabra de Dios hablada en mi corazón. He hecho eso muchas veces.

En cada caso, al pasar a la acción se produce una prueba de fe. Es un tiempo en que las palabras que yo he oído siguen siendo inaudibles para el mundo. Para otros, parece que he emprendido la búsqueda del necio. Esto les sucede a todos aquellos que conectan su fe con palabras como las que sonaron en mi corazón en el año 2012: *América será salva*. A medida que comenzamos a pasar a la acción basados en esa palabra, nuestra fe pasará por el fuego. Esta es la naturaleza de nuestra vida en Cristo, y su vida en nosotros. Fe es *"la certeza de lo que se espera, la convicción de lo que no se ve"* (Hebreos 11:1).

El 26 de agosto de 2001 prediqué en Tata Raphael Grounds en Kinshasa, Zaire. Tras la conclusión de mi sermón, uno de los miembros de mi equipo me dijo: "Reinhard, antes de irte hay alguien a quien deberías ver". Me dijo eso mientras me acompañaba a las escaleras detrás de la plataforma. Como de costumbre, yo estaba encharcado de sudor por predicar al aire libre en el trópico. Mi sangre latía con fuerza. Aún estaba un poco sin aliento.

"¿Quién puede ser?", pregunté.

"Un pastor local. Es de una de las iglesias que patrocinan la cruzada".

"¿Por qué no le he visto antes? Tuvimos una Conferencia de Fuego para pastores locales".

"Había demasiados. No pudo verte. Además, al principio no sabíamos quién era. Es alguien especial".

Llegamos a una zona que había sido acordonada para reuniones privadas. Incluso en la parte de atrás del escenario en nuestras cruzadas, controlar a las masas es esencial. Entramos en esa zona, y allí vi a un pequeño grupo de miembros de mi equipo de pie con un pastor africano muy bien vestido.

EN RETROSPECTIVA

Supe al instante que había visto antes a ese hombre, pero no podía acordarme del lugar. Sus ojos eran grandes, marrones y brillaban con una luz radiante. Su sonrisa parecía como el teclado de mi antiguo acordeón, salvo que su teclado tenía una tecla de oro: un gran diente de oro que brillaba delante. Vestía un traje bermellón bien planchado con botonadura doble y una corbata de seda granate y dorada. Se puso a temblar al verme, y sin embargo no me acordaba dónde lo había conocido.

Parecía incapaz de contenerse. Se acercó apresuradamente hasta nosotros y se arrojó al suelo, abrazando fuertemente mis piernas. Besaba mis pies y lloraba con una gran voz. Toda su apariencia de dignidad desapareció por completo.

"Bonnke", gritó, "usted salvó mi vida. Usted salvó mi vida".

"¿Quién es usted, caballero?". Me agaché y tomé sus brazos, liberando mis piernas de su abrazo. "Levántese y déjeme mirarle de nuevo".

Él se puso de pie y me miró, con lágrimas fluyendo de sus asombrosos ojos marrones. Me dijo una palabra, y entonces le conocí.

"Bukavu, soy—".

"Eres Richard", susurré. "¡Richard!".

EVIDENCIA DE COSAS NO VISTAS

La mente retrocedió con rapidez. Hacía doce años, le había conocido. No podía creer el cambio.

"Richard", dije, "la última vez que te vi, no tenías el diente de oro, solo un agujero. No hablabas inglés, y estabas sucio. Apestabas, con perdón, como un retrete en una caseta externa".

Tomé sus brazos y le subí las mangas de su bonito traje bermellón, y vi la evidencia que más recordaba: las cicatrices. Sí, era el mismo hombre. Las lágrimas comenzaron a brotar de mis ojos. Le abracé.

"Richard, ¡lo que Dios ha hecho por ti! ¡Lo que Dios ha hecho!".

RAZA INUSUAL

La historia de Richard es tan especial, que tengo miedo de no contarla bien. Pero debo intentarlo. Le había visto por última vez en Bukavu, en el extremo oriental del Congo. Sí, era Bukavu, 1989. ¿Cómo llegamos hasta allí, a una ciudad tan lejana?

Nuestro viaje había comenzado, según lo recuerdo, con un informe de exploración. Estos informes resultaron necesarios después de que uno de nuestros camiones se hundiera en un río en el Congo. No recuerdo cuál era el río, después de treinta años haciendo cruzadas, ni tampoco qué año fue exactamente. De cualquier modo, el gran Congo, conocido hoy como Zaire, es el país más legendario de África. Aporta el trasfondo de la clásica historia de Joseph Conrad *Heart of Darkness* (*El Corazón de las Tinieblas*). Los misioneros han contado historias del Congo desde los días de Stanley y Livingstone. Es una tierra extensa, tres veces mayor que el estado de Texas, con multitud de ríos suficientemente grandes como para tragarse un camión.

Recuerdo que nuestro camión estaba cargado con material para una cruzada. Lo subimos a un ferry y comenzó el cruce. La estación lluviosa había pasado hacía poco, y en medio del río, el ferry comenzó a llenarse de agua; y se hundió, con nuestro conductor dentro. Él consiguió abrir una ventana y escapar a la superficie del agua, nadando hasta la orilla mientras oraba para que no hubiera cocodrilos.

Debido a incidentes como este, nuestro equipo comenzó a enviar ojeadores antes de enviar al equipo que realizaría la cruzada. Ellos crearían mapas de carreteras actualizados para que pasasen nuestros convoys. Cuando nuestro equipo viajaba a una ciudad en particular, utilizaba nuestros mapas y anotaciones para evitar peligros.

Nuestros ojeadores viajaban en Land Rovers equipados con motosierras para apartar árboles caídos; y como no hay ninguna señal de "Mr. Goodwrench" en las tiendas de reparación en el campo, llevaban todo tipo de herramientas para arreglar problemas mecánicos en las carreteras más profundas de África. Nuestros ojeadores son una raza inusual de resuelve-problemas, y con los años, han acumulado historias para llenar un libro mucho más grande que este, créame.

Siempre que viajan, investigan no solo las condiciones de las carreteras, sino que también revisan posibles áreas en la ciudad buenas para poder montar nuestra plataforma para la cruzada. Recaban información sobre electricidad, agua, desagües, policía local, control de masas y cualquier otro detalle que pudiera ayudar a nuestro equipo de planificación. Hay miles de formas de encontrar problemas cuando se hace una cruzada en África; y con el paso de los años las hemos descubierto todas. Nuestro objetivo es simplemente no repetir ninguno de esos errores. Hemos aprendido mucho, y nuestros ojeadores son algunos de los miembros de nuestro equipo más experimentados y fascinantes. Nos han salvado de una angustia incalculable, y no hemos vuelto a perder ningún otro camión en un río.

CIUDAD NECESITADA

A final de la década de 1980, un equipo de ojeadores revisaba las carreteras de la zona más oriental del Congo. Al acercarse a la frontera con Ruanda, cruzaron Bukavu, una ciudad que no estaba en nuestra lista de posibles ciudades para una cruzada. Nuestros planificadores simplemente la habían pasado por alto. Vivían allí casi medio millón de ciudadanos, personas que nunca habían visto una cruzada evangelística de Cristo para todas las Naciones. Además, el equipo de ojeadores había confirmado que las carreteras a la ciudad se podían utilizar en verano. Steven Mutua, un trabajador del equipo, me llamó a nuestra sede en Frankfurt.

"Nadie va a Bukavu, Reinhard", me dijo emocionado. "Veremos unos resultados tremendos. Será algo glorioso".

Nada hace que mi corazón lata más fuerte que predicar el evangelio en un nuevo territorio. Esto comenzó con mi primera tarea en la tierra endurecida al evangelio de Lesoto, en la parte sur de África, en 1969.

"Comienza a planificar una cruzada en Bukavu", le dije. "Steven, tú estarás al mando".

En julio de 1989, volé allí para predicar. Mi equipo me escoltó hasta el hotel donde me quedaría. Al día siguiente, como hago en cada cruzada, pedí que me llevaran a conocer la ciudad en un automóvil. Steven había estado preparando ese evento durante meses, y yo quería que él me enseñara la comunidad local. Quería escuchar de él todo lo que había aprendido acerca de la historia y la sabiduría popular de Bukavu. Llevamos a un intérprete local con nosotros, para poder entrevistar a las personas en los mercados y vecindarios que atravesábamos.

UN LUGAR DE TEMOR

En un momento durante el viaje, llegamos a una prisión. Era realmente más una jaula para seres humanos cerca de los límites de la ciudad. No había celdas, tan solo una gran sala de ladrillos con un pequeño terreno adosado que servía de patio, rodeado de barrotes y alambre de serpentina. Muchos de los prisioneros estaban en el patio, tomando el sol y ejercitándose al aire libre. Una multitud de personas estaba de pie cerca de los barrotes de hierro que bordeaban el patio. Steven detuvo el vehículo y apagó el motor.

"¿Quiénes son esas personas que están fuera del patio de la prisión?", pregunté.

"Son familiares. Si ellos no llevan comida a los hombres que están dentro, morirán de hambre. El gobierno no da alimentos a las personas que tiene pensado matar".

"¿Todos esos prisioneros morirán?".

"Todos los que ves con grilletes están condenados a morir".

Pude ver a varios hombres que caminaban con pesados grilletes y cadenas en sus brazos y piernas.

Steven señaló un gran árbol con pesadas ramas que salían del patio. "Cada mes, viene un verdugo de Kinshasa. El verdugo se gana la vida a la antigua usanza. No hay andamio. Los hombres condenados son dirigidos hasta el árbol, y se lanza una cuerda con un nudo de horca en su extremo por encima de una gran rama. Se invita a la gente a verlo, y muchos acuden. No es un ahorcamiento misericordioso, como en las películas del antiguo Oeste, donde hay una fuerte caída que les rompe el cuello. Cada hombre condenado en esta prisión debe pasar al frente, uno a uno, mientras les colocan el nudo alrededor del cuello. Después, el verdugo usa el tronco del árbol para hacer palanca y levantar al hombre, y tira de la cuerda hasta que las patadas y los ahogos terminan. Entonces, baja el cuerpo y hace pasar al siguiente".

"¿Lo has visto hacer?".

"Sí, he visto cómo lo hacen".

"¿Te imaginas ser uno de los condenados, obligado a ver lo que te espera?".

MALDAD VISIBLE

"Y eso no es todo", continuó Steven. "Cuando bajan a un hombre, el verdugo corta sus manos y sus pies con un hacha para quitarle los grilletes. A menos que la familia vaya a reclamarlo, arrojarán el cuerpo en un carro para llevarlo a una tumba sin distintivos".

"¿Por qué el verdugo no se limita a abrir los grilletes? ¿Por qué tiene que cortarle las manos y los pies?".

"Porque no tienen llave. Cuando traen aquí a un condenado, le llevan a un herrero que hay ahí, y le sueldan los grilletes en sus brazos y piernas".

"¿Cómo pueden hacer eso sin quemarle la piel?".

"Los hombres reciben quemaduras horribles. Es parte del castigo. Se les considera ya muertos, y a nadie le importa lo que les ocurra. Algunos incluso han muerto por las infecciones de las quemaduras antes de ser colgados. Los grilletes vacíos que recuperan de un hombre muerto se abren con un hacha de corte y se preparan para el siguiente condenado. Y así sucesivamente".

CRUEL E INUSUAL

He visto prisiones similares en otros lugares de África. De nuevo, me di cuenta de que una prisión africana era un lugar temible. A diferencia de las naciones occidentales, en esta parte remota del mundo no se oía de "los derechos de los prisioneros". Había poco examen público del sistema de justicia. Los líderes políticos eran asignados, no elegidos. Se esperaba que las personas en el poder dominaran a la población mediante el temor y la intimidación. Había conocido muchos líderes en África que usaron el sistema de prisiones para deshacerse de posibles rivales y enemigos políticos.

La justicia a menudo se abortaba. Me recordaba lo que debía de haber sido la vida en la prisión en tiempos de Pablo y Silas.

"Estas son las buenas noticias", dijo Steven. "He estado aquí de visita, y varios de los condenados han aceptado a Jesús. He estado teniendo un estudio bíblico con ellos durante varias semanas ya".

"Gloria a Dios, Steven", dije. "Quiero conocerles. Llévame dentro".

CANCIÓN DE LA CÁRCEL

Cuando salimos del vehículo, llegó a mis oídos un extraño sonido. Era el rítmico sonido del tintineo de las cadenas mezclado con el canto de voces africanas masculinas.

Steven me miró con una sonrisa deliberada. "Estos son tus hermanos".

"¿Qué hacen?".

"Están cantando canciones de alabanza a Jesús, canciones que les hemos enseñado. Están usando los únicos instrumentos musicales que tienen".

"Sus cadenas", susurré, con entendimiento.

Me quedé allí de pie escuchando, y al hacerlo, sentí que Alguien más escuchaba conmigo. A medida que el sonido de ese maravilloso canto subía en el húmedo ambiente, sentí una puerta que se abría, que daba entrada al trono de Dios. Casi pude ver a los grandes arcángeles en la puerta del cielo, de pie para recibir este sacrificio de alabanza. Mi espíritu voló como un ave saliendo de una jaula, y sentí que algo asombroso estaba a punto de suceder.

Steven se acercó a los guardas y le explicaron quién era yo, y entonces nos permitieron entrar. La canción seguía.

Me quedé paralizado por las condiciones de la celda. Los hombres dormían en colchones mugrosos tirados por el suelo de esa gran sala de cemento. El lugar estaba lleno de alimañas. Cubos de aguas negras estaban reunidos en un lado, y nubes de moscas volaban a su alrededor. En el sofocante calor, ninguno podíamos escaparnos del hedor. Y la canción, esa maravillosa canción de alabanza, continuaba subiendo al Señor con el tintineo de las cadenas.

Salimos al patio. Inmediatamente, varios hombres con grilletes se juntaron alrededor de nosotros. Steven habló mediante un intérprete, explicando quién era yo. Les saludé brevemente, pero yo buscaba a los hombres que cantaban.

MÚSICA PARA LOS OÍDOS

Les vi, eran como unos treinta, sentados en un círculo. Estaban cantando y balanceándose con la música. Su líder era un hombre de complexión media con una gran sonrisa que dejaba ver que le faltaba un diente. Hacía sonar sus cadenas con un ademán ostentoso, como un director de un coro en una gran iglesia. Si verdaderamente hubiera visto con los ojos del Espíritu, quizá podría haberle visto vistiendo un precioso traje bermellón, y sonriendo con un diente de oro. En el instante en que le vi, el Espíritu Santo me habló: *Dile a ese hombre que será libre.*

Señor, perdóname, respondí en silencio, *pero sería cruel e inusual decir algo así a un hombre condenado si hubiera alguna posibilidad de haberte oído mal en este instante. Por favor, vuelve a decírmelo, y esta vez más despacio.*

Dile a ese hombre que será libre.

LA FE HABLA

Nos presentaron al grupo de hombres condenados. Saludé a los hermanos que habían aceptado al Señor en el nombre de Jesús. Después, mediante el intérprete, le di a todo el grupo un sermón de salvación. Algunos de ellos respondieron, aceptando a Jesús por primera vez. Después les animé en el Señor.

Después de eso, me dirigí a Steven. "Dile a ese hombre que estaba dirigiendo el canto que me gustaría hablar con él en privado".

Steven fue al hombre y le explicó mi petición. Le trajo hasta mí, con el intérprete. Caminamos hacia la zona vacía del patio.

"Reinhard", dijo Steven, "este hombre se llama Richard".

Fue un honor estrechar su mano encadenada. "Dile a Richard que el Señor me ha hablado hoy. El Señor dice que le pondrán en libertad".

El intérprete dudó.

Yo asentí. "Repita mis palabras exactamente", dije.

Él aclaró su garganta y luego le habló al hombre en su lengua materna.

El hombre reaccionó, mirando hacia el árbol donde se les ahorcaba. Cuando me volvió a mirar, sus ojos estaban llenos de lágrimas. Habló mediante el intérprete diciendo: "Tres veces he estado en la fila esperando. Tres veces, el verdugo estaba tan cansado que no pudo ahorcarme. La última vez que estuvo aquí, yo era el siguiente en morir. El verdugo me miró fijamente como si quisiera verme muerto. Entonces levantó sus manos y se fue a casa".

"Jesús te guarda, Richard", dije yo. "Y ahora Él dice que serás libre".

JUSTICIA PARA POCOS

Richard escuchó. Pude ver que aún tenía demasiado miedo como para apropiarse de mi palabra. La esperanza puede ser lo más cruel para un hombre condenado que espera que le ahorquen, un hombre que ha visto el final de su vida ante él de forma tan gráfica, vez tras vez; un hombre que lleva grilletes soldados en sus brazos y piernas, grilletes que solo ha visto quitarlos de una manera.

"¿Cuál es tu delito, Richard?", le pregunté. "¿De qué te acusan?".

"De asesinato".

"No tienes pinta de asesino. ¿A quién mataste?".

Él nombró a un hombre.

"¿Cómo ocurrió?".

"Estábamos en un bar, y se produjo una pelea".

"¿Comenzaste tú esa pelea?"

"No, yo no comencé. Pero yo maté al hombre".

"Richard, si lo que dices es cierto, eso no se llama asesinato. Se llama defensa propia, u homicidio involuntario. ¿Tuviste un abogado?".

Richard hizo una larga pausa. Volvió a mirar al árbol de nuevo, pero no dijo nada.

Entonces habló el intérprete.

"Si el hombre que matas en defensa propia es de una familia rica, Reverendo Bonnke, hay muchos en Bukavu dispuestos a jurar su testimonio por dinero".

Salimos de la prisión, y nunca volví a ver a Richard. Prediqué varios días en el estadio de fútbol a multitudes en pie de unas noventa mil personas. La cruzada creó un enorme revuelo en la zona. Bukavu nunca había visto multitudes así en toda su historia. Casi todos en la región asistieron al menos a una de las reuniones. El número de salvaciones registradas superó todo lo que habíamos esperado y orado ver. Estábamos exultantes.

Mientras me preparaba para salir de la ciudad, le pedí a Steven Mutua que me organizara una reunión más. Nombré a uno de los principales políticos locales a quien había conocido durante la cruzada. No diré aquí el nombre de este hombre o su cargo, debido a la naturaleza de la historia que sigue.

UNA SOLUCIÓN POLÍTICA

Cuando llegamos a la mansión del político, nos llevaron a una zona de espera. Estuvimos esperando un largo rato. Esperar para ver a personas de influencia en África es algo que he aprendido que debo hacer. Finalmente, una secretaria salió de su santuario principal y nos dijo que el político al que deseábamos ver no estaba disponible.

Ahora bien, si eso fuese cierto, pensé, nos lo debían haber dicho antes, con tiempo para habernos evitado el viaje. O bien era mentira, o habían decidido que el gran evangelista debía demostrar su cristianismo demostrando una paciencia casi infinita en la sala de espera.

El político estaba de viaje en Kinshasa, según nos dijeron. En vez de reunirnos con él, nos permitirían reunirnos brevemente con su esposa. Ella le detallaría todo a su marido después de habernos ido.

Después de otro rato de espera, una mujer alta entró en la sala. Estaba vestida con unos tejidos finos y hermosos. Pensé que llevaba lo que debió de haber sido la dignidad imperial de la reina de Saba. Una vez dentro, llegó un intérprete, y por fin pude hablar con ella.

Tras terminar con las formalidades, le expliqué por qué había pedido ver a su esposo. Había ido para rogarle la liberación de un hombre condenado en la prisión de Bukavu: un hombre llamado Richard. Se lo describí, y volví a contar su historia del crimen por el que había sido sentenciado a muerte. Le sugerí que un abogado competente hubiera declarado ese caso como un asunto de autodefensa. Un buen abogado al menos hubiera encontrado una manera de evitar la pena de muerte para Richard. Después le hablé de la conversión de Richard y de la forma en que él dirigía la canción entre los hombres condenados en la prisión.

Ella escuchó atentamente todo lo que dije. Después se puso en pie y se disculpó. Dijo que vería qué se podía hacer, pero los prisioneros condenados nunca eran liberados de la cárcel de Bukavu una vez que los tribunales se habían pronunciado.

Tras pasar otro largo rato de espera, regresó. Pidió que todos los demás invitados salieran de la sala. Al fin, estábamos a solas ella y yo. Se puso de pie delante de mí, muy cerca.

JUSTICIA EN VENTA

"Reverendo Bonnke", dijo ella, "usted es un hombre poderoso de Alemania. Su organización es grande, y sus seguidores extensos. Usted quiere que mi esposo haga algo por usted. Yo quisiera que usted hiciera algo por mí. ¿Entiende?".

"Claro", dije. "Haré todo lo que esté a mi alcance".

"¿Tiene usted hijos, Reverendo Bonnke?".

"Sí".

"Yo tengo dos hijos preparándose para entrar en la universidad. Aquí, tenemos solo la Universidad Nacional de Zaire". Ella se encogió de hombros, como si yo entendiese su problema. "No es la excelencia educativa que usted quisiera para sus hijos, estoy segura. Y aun así, mis hijos no han podido conseguir las becas necesarias para entrar en las escuelas a las que nos gustaría que asistiesen en el extranjero. Me gustaría que usted me pudiera conseguir esas becas, Reverendo Bonnke. ¿Podría usted hacer eso por mí?".

Me entristecí, aunque no me sorprendió mucho. En una tierra en la que el dinero podía comprar una sentencia de muerte, seguro que un soborno podría obtener la libertad.

"Lo siento", dije, "pero no puedo hacer eso. Soy un hombre de Dios. No haré ningún trato para obtener justicia de ningún tipo. Mi respuesta para usted tiene que ser no".

Esta mujer al instante se dio la vuelta y se fue. Temí mucho por Richard. Mientras ella se acercaba al pomo de la puerta, casi grité su nombre. Ella se detuvo y me miró, dándose la vuelta con una expresión de asombro. Yo le señalé con el dedo.

"Dios me ha dicho que Richard será liberado. Dios ha hablado. No se interponga en su camino".

Ella salió de la sala, cerrando la puerta detrás de un portazo. Mi reunión había terminado.

"Oh, Señor", oré, "salva a Richard con tu gran poder, no por el poder de sobornos y traiciones".

Tengo que confesarlo: me fui de Bukavu con el corazón cargado. Temía haber dejado a Richard como le había encontrado: un hombre muerto andante. Pero mi temor fue detenido por la fe. No podía robar mi esperanza de que sin duda había oído hablar a Dios en mi corazón, diciéndome con certeza que Richard sería liberado.

LA CERTEZA DE LA ESPERANZA

Dos años después, estaba en Alemania cuando alguien me informó que Richard había sido liberado. Grité de gozo al escucharlo. Hasta la fecha, no sé qué fue lo que provocó su liberación. Quizá mis palabras a la esposa del político despertaron su conciencia; no puedo decir qué fue. Solo sé que toda la gloria le pertenece a nuestro Padre del cielo.

Mientras tanto, Richard comenzó una nueva vida como un hombre libre en Bukavu. Le dijo al pastor de la iglesia local a la que asistía que quería ir al instituto bíblico en Kenia. Quería ser pastor, y estaba decidido a aprender inglés. Cuando me llegaron esas noticias, esa fue una beca que yo estaba más que dispuesto a suplir. Christ for all Nations pagó la colegiatura de Richard cuando se inscribió en el seminario bíblico. Años después, escuché que le habían ordenado. Le envié mis mejores deseos y felicitaciones, y eso pareció ser un buen final.

Ahora, doce años después, en agosto de 2001, estaba delante de mí en Kinshasa como pastor que patrocinaba una cruzada de Cristo para todas las Naciones. Llevaba su traje bermellón de doble botonadura y hablaba bien inglés, con su diente de oro brillando, y sus ojos resplandeciendo con el gozo del Señor.

Nos volvimos a abrazar. Le aseguro que este evangelista durmió muy bien esa noche.

Habían pasado dos largos años de espera antes de conocer este final feliz. Doce años habían pasado cuando lo vi con mis propios ojos. ¿Cómo lidia con ello la fe mientras tanto? He aprendido que cuando hablamos las palabras que Dios ha susurrado en nuestro corazón, no tenemos que lidiar con ello, ya que Él lo hace. La Biblia dice que Él vela su palabra para que se cumpla. (Véase Jeremías 1:12 LBLA). Esto significa que en la prueba de nuestra fe, la batalla es del Señor. Encontramos en Él descanso.

ÁFRICA, SAMARIA, Y AHORA, AMÉRICA

13

ÁFRICA, SAMARIA, Y AHORA, AMÉRICA

Uno de los principios de mi vida es que salto cuando Dios habla. No hay necesidad de consultarlo con la almohada. Cuando Dios habla, siempre es urgente. Yo corro a obedecer. Como en la historia de Richard en Bukavu, nunca he sido defraudado al obedecer la voz de Dios. De igual forma, el 2 de diciembre de 2001, cuando Daniel Ekechukwu saltó de su ataúd, yo salté al teléfono. Sabía que Dios había dado su respuesta a mi oración en el hotel Sheraton de Lagos: "Señor, esta vez te estoy pidiendo una señal. Nunca te he pedido señales, pero esta vez necesito una señal. Si quieres que me traslade a América, quiero que hagas algo que nunca antes haya visto en mi ministerio".

Esa oración estaba aún fresca en mi mente cuando oí las palabras: "¡Está respirando!". Poco después, el milagro había sido confirmado.

Telefoneé a mi esposa, Anni, en Frankfurt, Alemania, insistiendo en que por Navidad estaríamos en América. De hecho, llegamos el día de Navidad. El avión estaba casi vacío porque muchos ya habían volado a sus destinos vacacionales. Encontramos un hermoso hogar en Vero Beach, Florida, donde vivimos hasta la fecha.

Durante una década, Orlando ha servido como la sede mundial de Christ for all Nations. La serie cinematográfica Full Flame se completó en los Estudios Universal y se sigue distribuyendo por todo el mundo, así como el DVD acerca de Daniel Ekechukwu, *Raised from the Dead*. Como resultado de la mudanza, he podido hablar con muchos más estadounidenses, lo cual ha aumentado el número de nuestros asociados ministeriales. Esto, a su vez, ha mejorado nuestra capacidad de llevar a cabo cruzadas en los lugares que el Señor nos dirige.

Desde la llegada a América, Dios nos ha presentado a nuestro ministerio a Daniel Kolenda, un joven evangelista con la misma pasión por los perdidos que atrapa mi alma. Dios me habló para levantar a este hombre a fin de que haga lo que yo hago. Y es lo que hemos hecho. Estamos viendo a Daniel Kolenda predicar el mismo evangelio y cosechar la misma cosecha que yo he visto durante tanto tiempo. En retrospectiva, la resurrección de Daniel Ekechukwu en África guió directamente a la resurrección de otro Daniel en América: un hombre que resulta ser mi sucesor. Ha sido como ver las piezas de un rompecabezas encajar en su lugar, una tras otra. Y todo ha parecido ser muy gratificante y completo.

UN TOQUE DE ATENCIÓN

Pero la historia no termina aquí. Imagínese mi sorpresa en el verano de 2012 cuando supe que mi decisión de trasladarme a América tenía mucho más significado del que yo había soñado. De hecho, solo he comenzado a entenderlo, porque nuevamente, Dios ha hablado de cosas que desafían mi mente natural. Comenzó a remover mi corazón, diciendo: *No te traje a América para que América fuera el cesto de las ofrendas para África. Te traje a América por causa de América misma.*

Cuando oí eso, fui tocado profundamente y comencé a llorar en mi tiempo de oración. Nunca habría imaginado que pudiera ser escogido para un propósito tal. La historia de los Estados Unidos, con sus piadosos antepasados y documentos fundacionales inspirados, no se puede igualar en ningún lugar del mundo. Ninguna otra tierra ha dado tanto fruto o ha producido ministerios tan poderosos, incluyendo la explosión mundial de retransmisiones cristianas. Ningún otro pueblo ha apoyado tantos esfuerzos misioneros ni tan siquiera con una fracción de los recursos de la iglesia en América. Los creyentes americanos son el alfabeto completo de la generosidad cristiana. ¿Cómo podría yo imaginar que Dios me usaría para predicarles el sencillo ABC del evangelio?

Pero Dios me dijo: *Cada generación necesita una regeneración*. Para mí, esto significa que el evangelio debe ser predicado, una y otra vez. Las cruzadas anteriores, avivamientos y despertares en los Estados Unidos no son suficientes. El evangelio se debe recibir de nuevo en cada generación. América es claramente una tierra que necesita la predicación del evangelio.

Gran parte de la población estadounidense actúa como si no hubiera oído las buenas nuevas. Eso se debe a que el evangelio se debe presentar con claridad. Muchas iglesias se han vuelto tan "amigables para los de afuera" que se ha disfrazado el evangelio como si fuera tan solo otro manual de autoayuda. Pero el evangelio no tiene máscaras. Es el poder de Dios para salvar a los perdidos, para librar de la culpa y del poder incapacitante del pecado. El Espíritu Santo se ha revestido a sí mismo con el evangelio. Pablo dijo: *"Pues nuestro evangelio no llegó a vosotros en palabras solamente, sino también en poder, en el Espíritu Santo"* (1 Tesalonicenses 1:5). Cuando se predica el evangelio, el Espíritu Santo actúa en poder.

EL PODER DEL EVANGELIO

Mediante escuchar el evangelio, la gente llega al punto de tener que tomar una decisión: vida eterna o muerte eterna. Cada uno tiene derecho a escoger, pero el evangelio es como respirar; no hay futuro en otra alternativa. Aun así, la gente tiene que oírlo y decidir por sí mismos: vida o muerte. Yo les digo que solo un camino tiene sentido. Quiero que las personas aprecien la brillante idea de la gracia de Dios. Les recuerdo que el Dios que nos creó a nosotros también creó el evangelio. Las mismas manos que formaron a Adán fueron traspasadas violentamente por unos clavos en la cruz. Quiero que la gente entienda que solo el Salvador sin pecado pudo pagar por los pecados de ellos. En el huerto de Getsemaní, Jesús estuvo ante la realidad de nuestra condición ante un Dios santo, y lloró con una agonía tal que casi le cuesta la vida. (Véase, por ejemplo, Marcos 14:32–39). La creación no le costó nada a Dios, pero la salvación le costó todo. El Hijo de Dios se hizo carne y nos permitió tratarle como el chivo expiatorio de todas nuestras viles ofensas. Esto se hizo como la única forma de revelar el amor infinito de Dios por la humanidad. ¿Cómo podría alguien rehusar un amor así?

Yo predico para ayudar a la gente a entender que la salvación no es un amor vago de un Dios que está al otro lado de las estrellas. Está cerca, es personal y es intenso. Es la pluma de la verdad mojada en la sangre del Cordero y escrita en grandes letras a lo largo del tiempo y el espacio. El evangelio resuena en cada generación, hacia delante y hacia atrás en el tiempo, llegando incluso a los oídos de la pareja culpable que se escondió en el Edén. En su vergüenza, Dios les buscó. En su desnudez, ellos oyeron el evangelio cuando Él llamó a Adán: *"¿Dónde estás tú?"* (Génesis 3:9). Dios anhela restaurar la relación rota. Él busca salvar a los perdidos (véase Lucas 19:10), y *nosotros* somos los hijos perdidos de Adán. *"Porque así como en Adán todos mueren, también en Cristo todos serán vivificados"* (1 Corintios 15:22). ¡Aleluya! Decir sí a Jesús es tener nuestro nombre escrito en el corazón de Dios, abrazados a su pecho, del cual nadie puede separarnos. (Véase Romanos 8:39). ¡Qué día de salvación declaramos al mundo!

VERO BEACH Y AMÉRICA

Le pregunté al Señor dónde debía empezar a obedecer su llamado a América. Él me dirigió a mi patio trasero. Literalmente, a Vero Beach, donde yo vivo. En obediencia, comencé a hacer planes para realizar una cruzada en febrero de 2013. Sacudí mi cabeza, pensando: *Bueno, esto será bonito. Tenemos una población de 14.000 personas. Quizá asistan unos cuantos cientos.* A medida que se fue corriendo la voz, para mi deleite, sesenta iglesias en la costa Treasure, desde Júpiter a la playa Satélite, accedieron a colaborar. Estaba emocionado. Dios volvió a hablarme y dijo que lo que Él estaba a punto de hacer en Vero Beach lo haría de una forma maravillosa en toda América: ciudad por ciudad, estadio por estadio, de costa a costa. Fue entonces cuando recibí la palabra del cielo que había oído aplicada primero a África hacía tanto tiempo: *América será salva.* Vimos cinco mil personas que asistieron a cada reunión. Declaré la palabra que había oído de parte de Dios, y al predicar el claro evangelio, el Espíritu Santo hizo su obra. Cientos fueron salvos, y muchos cientos fueron sanados. En América, así como en África, el poder del Espíritu Santo es la mano en el guante del evangelio predicado.

Mientras sigo declarando que "América será salva", oro para que usted responda con la fe de Nneka, y no con la incredulidad de los que estaban a su alrededor. Necesitaré un ejército de colaboradores que crean conmigo en este gran esfuerzo. Muchas personas ya me han dicho que creen que esta idea es imposible. Dicen que América ya no se preocupa por oír el evangelio predicado, que un avivamiento nacional en esta hastiada tierra es imposible. Pero yo les digo que Dios es especialista en transformar lo imposible en posible. Esta cosecha no solo es posible, sino que es probable. Para la gente de fe, el tiempo de creer es ahora, antes de verlo y de que todos sigan al rebaño.

EL VOCERO DE DIOS EN SAMARIA

Mientras pensaba en la forma de concluir este libro, Dios me abrió la Palabra con respecto a la ciudad bíblica de Samaria. Esa era la ciudad natal de los despreciados samaritanos de tiempos de Jesús. Jesús contó la historia del buen samaritano. (Véase Lucas 10:30–36). También visitó a la mujer del pozo en esta ciudad. (Véase Juan 4). En la historia de Samaria, Dios me iluminó dos pasajes que contrastaban el peligro de la incredulidad con la gloria de la fe. La primera historia es del Antiguo Testamento;

la segunda es del Nuevo. La primera muestra Samaria en una revuelta; la segunda, Samaria en avivamiento. En la misma ciudad, leemos la historia del que llevó el fruto de la incredulidad bajo el profeta Eliseo; después, bajo el ministerio de Felipe, vemos multitudes dando fruto de fe. El contraste queda aquí presentado para nuestra enseñanza.

Históricamente, en el Antiguo Testamento y después del reinado de Salomón, el pueblo de Israel se dividió en dos reinos. Diez de las doce tribus de Israel se fueron de Jerusalén y establecieron su capital en la ciudad norteña de Samaria. Construyeron su propio templo en el monte Gerizim y afirmaban que ese era el verdadero monte Sión. Sin embargo, practicaban la idolatría, y su adoración en el templo se mezcló con ritos paganos. Construyeron un templo a Baal, y sin embargo Dios siguió tratando con ellos. El ministerio de Elías y Eliseo estuvo dirigido a los samaritanos. Durante el tiempo de Eliseo, que fue el vocero de Dios para esa ciudad, es cuando encontramos a Samaria en una revuelta.

LA INCREDULIDAD HABLA

Los sirios habían sitiado la ciudad capital. Había un hambre catastrófica. Incluso se dieron reportes de canibalismo. Los ciudadanos casi se rindieron ante el enemigo. Fue entonces cuando el vocero de Dios, Eliseo, fue enviado al rey con una palabra inalterable. Pero Eliseo no fue el único vocero en Samaria. Hubo un vocero del gobierno también. El oficial real, señalado para ayudar al rey, se opuso a Eliseo cuando oyó su palabra del Señor. El vocero de Dios predijo que al día siguiente a la misma hora, habría comida más que suficiente en la puerta de Samaria, tanta comida que una medida de trigo costaría solo un shekel.

El vocero del gobierno respondió: "Es imposible".

Eliseo respondió a su falta de fe: "Verás la comida, pero no comerás de ella".

Cuando leemos este relato en el capítulo siete de 2 Reyes, vemos que Dios hizo que los invasores sirios oyeran el sonido de un gran ejército que se aproximaba con carros y caballos. Se llenaron de terror, y convencidos de que iban a ser atacados por un ejército muy superior, huyeron para salvar sus vidas, dejando atrás un campamento repleto de bienes.

Cuando se descubrió su retirada durante la noche, el rey no lo creía. Estaba convencido de que los sirios estaban poniendo una trampa y que golpearían sin misericordia cuando las personas hambrientas salieran de la ciudad en busca de comida. Dio órdenes a su oficial real de guardar la puerta mientras envió espías al campamento enemigo. Tan pronto como los espías anunciaron que el campamento había sido abandonado, el pueblo de Samaria salió en estampida. Corrieron en avalancha por las puertas de la ciudad y pisotearon al oficial real, causando su muerte. Las palabras de Eliseo se habían cumplido. El oficial del rey vio la comida para no la comió. El vocero del gobierno fue aplastado hasta la muerte bajo las personas que corrieron para recibir aquello en lo que él no había creído.

Para mí, esto describe el terrible peligro de la incredulidad. Sí, la incredulidad en todas sus formas es peligrosa, especialmente cuando se interpone en el camino de los pecadores que están buscando un Salvador. Cuando se trata de la Palabra del Señor, como demostró Eliseo, nunca debemos decir que algo es "imposible". La profecía bíblica es historia escrita por adelantado. Así es de exacta y correcta. Es inalterable. Dios cumplirá su Palabra, hasta el punto de cada *i*. Debemos creerlo y poner nuestra vida en ello. Cuando Samaria experimentó una revuelta de fe, toda incredulidad quedó pisoteada en las prisas por salvarse.

OTRO VOCERO DE DIOS EN SAMARIA

Ahora vayamos al relato del Nuevo Testamento de Samaria en avivamiento. En Hechos 8:4-8 leemos que había un discípulo llamado Felipe. Este no era el apóstol Felipe, que había sido escogido por Jesús como uno de los doce discípulos. En cambio, este Felipe era un diácono en la iglesia en Jerusalén, escogido por su fe y su llenura del Espíritu Santo. Su trabajo era servir las mesas. Qué tarea tan humilde para un hombre ungido por el Espíritu Santo con fe y poder.

Después del día de Pentecostés, la iglesia en Jerusalén tuvo un gran comienzo. Mientras servían las mesas para la creciente congregación, Felipe había oído a los apóstoles citar las últimas palabras del Señor: *"Pero recibiréis poder, cuando haya venido sobre vosotros el Espíritu Santo, y me seréis testigos en Jerusalén, en toda Judea, en Samaria, y hasta lo último de la tierra"* (Hechos 1:8). Felipe oyó eso, una y otra vez, y me puedo imaginar que cuando se vio con Pedro, debió de preguntarle: "Pedro, ¿de verdad dijo Jesús 'Samaria'? ¿Dijo 'Samaria'?".

Y Pedro respondería: "Sí, claro, dijo 'Samaria'".

Entonces Felipe debió de haber dicho: "Si dijo 'Samaria', ¿por qué no va nadie allí? ¿Por qué no vas tú?".

"Oh", debió de haber dicho Pedro, "nuestras manos están ocupadas en Jerusalén. El Señor dijo 'Jerusalén' primero, sabes. Nuestro trabajo es muy importante aquí. Estamos extendiendo el evangelio en los recintos del templo. Jerusalén debe ser salva primero. Samaria tendrá su momento".

Felipe no se quedaría satisfecho. Me imagino que debió de haber ido después a Juan. Debió de haber ido a cada apóstol, uno a uno, preguntándoles: "¿Realmente dijo Jesús 'Samaria'?".

"Sí", le hubieran asegurado todos, "Jesús dijo 'Samaria'".

Entonces Felipe tomó una decisión de calidad. "Si nadie va a Samaria, entonces yo iré". La Biblia narra el increíble resultado. Un gran avivamiento sacudió ese lugar. Esta vez, no hablo de Samaria en revuelta, sino que hablo de Samaria en avivamiento.

Entonces Felipe, descendiendo a la ciudad de Samaria, les predicaba a Cristo. Y la gente, unánime, escuchaba atentamente las cosas que decía Felipe, oyendo y viendo las señales que hacía. Porque de muchos que tenían espíritus inmundos, salían éstos dando grandes voces; y muchos paralíticos y cojos eran sanados; así que había gran gozo en aquella ciudad. (Hechos 8:5–8)

¡Qué maravilloso!

¿Dijo Jesús "Samaria"? Sí, claro. Ahora es obvio. Todos decimos: "Sí, claro".

UN VOCERO DE DIOS EN AMÉRICA

Yo oí a Dios hablar acerca de África: *África será salva.*

¿Realmente dijo "África"?

Mi padre era pastor. Recuerdo que me decía, mientras me subía al barco con mi pequeña familia para ir a África: "Reinhard, por favor, primero que Alemania sea salva. Cuando Alemania se salve, entonces vete a África".

Yo le dije: "Papá, Dios dijo 'África'. Realmente dijo 'África'. Alguien tiene que ir a África, y yo he dicho: 'Aquí estoy. Yo iré'".

¿Y qué hay de América? ¿Dijo Dios: *América será salva?* ¿Lo dijo?

Oh, sí, lo dijo. Y lo que Él dice lo dice en serio, porque Él siempre cumple lo que dice.

Cada vez que oro, lo oigo resonar en mi corazón. Una poderosa oleada de salvación cruzará por esta tierra. Dios no se ha cansado de América. Muchos creen que América ha rechazado el evangelio. Pero a menos que usted lo oiga claramente, no es el evangelio lo que usted rechaza. Hay una generación creciendo que no ha oído aún el evangelio. Tenemos que predicarlo para hacerlo eficaz. La palabra *evangelio* significa "buenas nuevas". Las nuevas no son nuevas cuando están en un cuaderno sobre una estantería. Las nuevas son nuevas solo cuando se comunican. El poder de Dios no puede activarse cuando el evangelio está guardado en un cajón. Tenemos que hablarlo; tenemos que predicarlo; tenemos que gritarlo. Yo he gritado el evangelio por naciones enteras, gritando "¡Jesús salva!".

Una vez en Alemania, alguien me preguntó por qué gritaba cuando predico el evangelio. Dije: "Cuando veo cómo Satanás atormenta a nuestros jóvenes y los ata con terribles cadenas de temor, de culpa, de perversiones inexplicables, con ataduras y obsesiones; cuando veo eso, no puedo ronronear como un gatito. Tengo que rugir como un león. Que todo el mundo lo oiga: '¡Jesús salva!'".

EL EVANGELIO ORIGINAL

Es este Jesús, y solo este Jesús, quien salvará América. Este es el evangelio que quiero predicar en las cruzadas. Sí, quizá suene anticuado, pero estoy convencido de que si predicamos el evangelio original, obtendremos los resultados originales. El poder inherente del evangelio es la salvación. Y la salvación ocurrirá, seguida de liberación y sanidad, porque es el evangelio original. Jesús iba haciendo el bien. Enseñaba, predicaba y sanaba por dondequiera que iba. Hoy, sigue su ministerio a través de sus siervos, un ministerio para enseñar, predicar y sanar.

Este no es el día de la condenación. Este es el día de la *salvación*. No necesitamos profetas funestos. Necesitamos personas que proclamen las buenas nuevas, y el evangelio son buenas nuevas. Jesús no dijo: "Arrepiéntanse, porque el infierno está cercano". Él dijo: *"Arrepentíos, porque el reino de los cielos se ha acercado"* (Mateo 4:17). Este es el evangelio glorioso.

Jesús no vino para avergonzar a los pecadores; vino para salvar a los pecadores. Él no vino para decir a los pecadores: "Son tan malos y perversos que voy a darles lo que se merecen". No, sino que ofreció su espalda para los latigazos que nosotros merecíamos. Él llevó sobre sí nuestro castigo y sentencia de muerte. Jesús salva. Este es el evangelio glorioso, el ABC del evangelio. Yo lo predicaré, y necesito que usted me apoye en oración y nos ayude a ir de estadio en estadio en las ciudades de América, mientras multitudes se acercan al valle de la decisión. (Véase Joel 3:14).

Hago un llamado a todas las personas maravillosas de Dios para que se unan a mí. Sé que hay muchos de ustedes que derraman ríos de lágrimas en oración para que Dios salve a esta nación. Unámonos en este propósito. Hago un llamado a todos ustedes. Corramos al pie de la cruz y hagamos algo.

¿Dijo Jesús "América"? Claro que sí. Él tiene un plan para salvar a los Estados Unidos de América, como seguramente tiene un plan para salvar África. Así que aquí está mi mano. Unámonos; juntemos nuestros hombros; marchemos al redoble del Espíritu Santo. No lo dudemos; confiemos en Dios, y el Señor, que resucita a los muertos y libera a los prisioneros, hará lo que ha prometido.

Dios le bendiga, y amén.

ACERCA DEL AUTOR

Reinhard Bonnke es conocido principalmente por sus cruzadas evangelísticas por todo el continente de África. Hijo de un pastor alemán, Reinhard entregó su vida al Señor a los nueve años de edad, y oyó el llamado al campo misionero africano antes de llegar a la adolescencia. Fue allí, en el pequeño condado montañoso de Lesoto, donde Dios puso en su corazón una visión de "el continente de África siendo lavado en la preciosa sangre de Jesús". Desde el comienzo del nuevo milenio, el ministerio de Bonnke ha registrado setenta y cuatro millones de decisiones por Jesucristo documentadas. Él ha escrito numerosos libros y ha pasado varios años desarrollando la serie Full Flame, ocho películas inspiracionales dirigidas a inspirar y desafiar a la iglesia a realizar evangelismo dirigido por el Espíritu Santo. Está casado con Anni, es padre de Kai-Uwe, Gabrielle y Susie, y abuelo de ocho nietos. Él y su esposa residen ahora en Orlando, Florida.